イスラーム信仰叢書 6

イスラームと日本人

飯森嘉助 編著

国書刊行会

総編集者のことば

イスラームは世界的に見れば、遠からず最大の信徒数を持つ宗教になろうとしている。六〇数億人の世界人口の約四分の一がムスリムになる計算だからである。

他方イスラームは日本では、まだわずか一〇〇年の歴史しかない新しい宗教である。昨今はテロの関係で報道されがちであることもあり、あまりなじみやすい教えとは言えないのが現状である。

しかしこのような状況であるとしても、イスラームが人の生涯の灯火となるという意義自体には変わりない。否、イスラームにはそれ以上に、戦後日本で居所のなくなった信仰心を軟着陸させ蘇生させせる大きな役割があるとも言うべきであろう。

このような観点から、イスラームと日本人の接点を回顧し、また個別の具体的な状況も取りまとめ、さらに今後の可能性と問題点を一望の下にまとめるのが本書の課題である。それはわが国における宗教信仰のあり方を問うとともに、日本人の心の救いを今後どう考えるのかについての探求の試みでもある。

総編集者としては、このような問いかけを担う書籍が大規模に編まれ公刊されること自体が、すでに時代の変化とその要求を反映していると受け止めるものである。本書がそのような広範な要請に対して正面から向き合い、一歩でも前進するのに貢献することができれば、願ってもない幸いである。

二〇一一年初春

総編集者　水谷　周

はじめに

日本のイスラームの歴史は浅い。最初の日本人ムスリムがでたのは一八九一年に、新聞記者であった野田正太郎（アブドル・ハリーム）がトルコのイスタンブールで、そして同じ頃に貿易商の有賀文八郎（アフマド）がインドのボンベイで入信したのが始まりとされている。二人とも現地の人たちの親切心や倫理観に惹かれての入信だったといわれる。その後、山岡光太郎、田中逸平ら海外飛翔の士が、当時のアジア主義時代の流れの中で、中国大陸やアラビア・イスラーム世界を舞台に活動した。その事績は彼ら自身が著した書物にみることができる。しかしいずれも戦前の一時代的な現象で終わっている。

太平洋戦争（一九四一－四五）後の日本人ムスリムの動向については、彼らが戦中戦後の動乱期をいかに生きたかの記録についてこれまであまり語られることはなかった。彼らの多くは戦後、信者（ムスリム）の互助会の目的で発足した「日本ムスリム協会」の会員として、またある人は個人的な立場で、ムスリムとしての信仰心を大切にしながら真摯に生き、日本の復興のために、社会の一隅を照らしてきた人たちである。

今回のこの本の主題は、現在にも繋がる日本人ムスリムの源泉ともいうべきそれら先人たちの生きた姿を紹介し、あわせて彼らの訓導を受けながら、新しい時代を生きてきた戦後派のムスリムたちについて、彼らがどんな動機でイスラームを受け入れ、学び、ムスリムとして日本社会を生きてきたのか。参考書からではなく、彼ら自身の体験からイスラームの姿を紹介しようとするもので、これは次世代を生きる新しいムスリムへのメッセージでもある。

七世紀に預言者ムハンマドによってもたらされたイスラームは、今日一三億の信者を擁し、世界的な規模で国際社会にかかわっている。イスラームは地域的な宗教から一変し、もはや世界的な顔を持つ宗教となったのである。日本とて例外ではない、最近では街頭でヒジャーブ(スカーフ)を着た女性を見かけたり、礼拝堂(マスジド)やハラール・レストラン(イスラーム法に合法なレストラン)も多く見られるようになり身近な存在となっている。

本書ではさらに、イスラームが将来的に日本に定着することができるだろうか、日本の宗教や日本社会と共存しうるのだろうか、もし可能としたらどんな条件的な課題があるのだろうかを、日本人の持つ清純心と宗教観を凝視しながら考察している。事実、イスラームの教理は日本人の倫理性や道徳観に近いものを持っている。にもかかわらず、日本人の間にはいまだ誤解や偏見があり、イスラームはまだまだ遠い存在で非寛容な宗教と考えられている。しかしイスラームの流れは世界的な潮流であり、将来的には日本においても日本社会との共存が求められるであろう。そのためにも今から相互理解の輪を広げていく必要がある。それは日本社会だけに求められる課題ではない。日本で生活するムスリムは当然のこと、世界のイスラーム社会にも求められる共通な課題である。本書では戦後始まった国内外の諸宗教対話の系譜と実績を紹介し、これまで日本の宗教者が世界平和実現に向けて根気よく続けてきた諸宗教対話を、将来的には「一神教」のイスラームと、「多神教」の日本の宗教両者の持続可能な直接的対話を提案している。

樋口　美作

目次

Ⅰ　日本人ムスリムの歩んだ道

アズハル大学初の卒業生の人生

飯森嘉助（ユーセフ）

1　長野市で起きたこと

私は信州大学の一九五八（昭和三三）年の秋、「日本ムスリム協会」初代会長の故今泉義雄先生の講演を長野市で拝聴してイスラーム入信の決意を固めたと記憶している。とくに先生が講演を終えた後に、礼拝をして平伏頓首（サジダ）されたことに私は大変驚いた。その時の気持ちは、イスラームの崇高さを一気に感じ取ったといえば、それは少々大袈裟である。ただ言えることは、驚きと好奇心が複雑に絡み合った気分で、その場を立ち去りがたくなっていたことだけは確かである。

今泉先生と自分を結びつけた結果として、それが自分の生涯を決めるまでに影響するわけである。それはすべてアッラーがすでにお決めになっていたことと今では思っているが、一応、以下で受容体としてのこれまでの自分の精神面での出来事を振り返っておきたい。

2　イブラーヒーム・カーゼム博士が長野市に来る

私の英語の恩師、北村達三先生が留学先のハーバード大学から帰国して、このように言った。

「留学中の私の親友はイブラーヒーム・カーゼムというエジプト人であった。彼には帰国の際に日本に立ち寄って長野の北村を訪ねるよう言い残してきた」

親友として二人を結びつけたものは、北村先生が熱心なクリスチャンであり、カーゼム博士が篤信のムスリムであったことで、お互いに尊敬しあえたからとのことであった。

博士は本当に長野を訪れて来た。そして私は、北村先生を囲む主にキリスト教徒の学生に混じって好奇心に胸躍らせながらカーゼム博士に憧憬の眼差しをもって接した。カーゼム博士は後にカタール大学の総長となりアラブの学会の主力メンバーとして活躍された方だ。

北村先生は高潔な人格者であり、先生の周りに集まる主にキリスト教徒の学生達も、みな人格円満にして教養の高い文化人であった。

私の家は曹洞宗の檀家であった。私は家を継ぐ責任もなかったせいか、修行を積んでいない在家の一信徒として、単に慣習に従っているのみであった。

また私は幼年期に終戦を迎え、これを境にして世の中の価値観が大きく変わったことを覚えている。要するに私は時代の子であり、同時代の普通の人間が感ずるように神社仏閣に接していた。

こうして今泉先生との出会いがあり、その講演の内容が私の乏しい知識や体験ながらキリスト教に似ていたことと、北村先生とカーゼム博士の関係も考慮したうえで、イスラームの道に進んでも大過ないという判断が私に働いた。残る疑問は礼拝の立礼（ルクーウ）や平伏頓首（サジダ）のことだけであった。これらの動作自体は日本のいろいろな日常の挨拶の中にもあるが、やはり全体的動作の流れの中に驚嘆を覚えざるをえなかったのである。

もちろんエジプトへの留学ができるといった風聞もあり、外国に大変関心を抱いていた自分にとっては、そのことが心の幾分かを占めていたことも確かである。

3　外国人に接した夏の軽井沢

私は毎年夏休みには軽井沢の親戚の家でアルバイトをしており、そこで外国の大使館のスタッフやアメリカ兵とも接触をした。こうして私は彼らに慣れ親しむようになり、いつか外国に行ってみたいという淡い気持ちを抱くようになった。

とくにカーゼム博士とお会いして、さらにまた今泉先生の講演を聞いてからは、それがピラミッドの国エジプトとして具体的なイメージとなって像を結んだ。

今泉先生の講演の後にその場に残った人たちの中に、爾来、同胞として縁を結ぶ片山廣氏とその他五、六人の仲間がいた。これらの仲間とともに私達は今泉先生を囲んで夕食を共にとった。ここで、イスラームでは豚は不浄で豚肉をはじめとして豚に由来するものはご法度なので口にできないことを知った。以来、私は学生にとって手ごろなラーメンなど豚由来のものも一切口にすることはなかった。

やがて仲間たちは、今泉先生の後を追うようにして上京していった。

4　大学卒業までの日々

私は今泉先生よりユーセフ（ヨセフ）なるムスリムとしての名前を贈られていたが、早く上京しなければ何も進展しないと思い、先生にその旨を手紙に書いた。すると先生からは大学だけは必ず卒業することという厳しいお達しの手紙を頂戴した。それで私は卒業までの一年と少々の間は、イスラーム関係、すなわち当時としては主に回教関係の本を読んでいた。それで私は、戦前には「回教政策」なるものがあってイスラームへの関心が非常に高かったこととともに、イスラーム研究が大変盛んであったことを知った。そしてとくに戦後に出版された小冊子（アテネ文庫）で前嶋信次先生の『サラセン文化』や井筒俊彦先生の『マホメット』などを、驚きをもって夢中で読んだ。

5　今泉先生を訪ねて信仰告白

私が上京することを知った指導教官の先生は、私の意図を知って必死になって思い止まるようにと忠告した。北村先生は「回教にはコーランという聖典がある」と言って励まされた。私はどちらの先生にもご心配をおかけしたと思っている。

こうして私は上京して下宿先を品川区の叔母の家に決め、早速、挨拶のために今泉先生を訪ねた。先生は板橋区内で街工場を経営していて、そこで先生の素顔を拝見した。そして一週間くらいおいて、先生が指定された日に訪ねてみると見知らぬ先輩方がおられ、そこで私は信仰告白を正式に表明したのである。それは一九六〇年三月下旬のことであった。

それ以後は、今泉先生は長老の三田了一先生の指導を受けるようにと私に指示された。そしてこれがまさかわが師、今泉先生との最後の別れになるとは全く考えていなかった。（三田先生は戦前の中国において入信され、日本ムスリム協会第二代会長として我々八名の留学生をカイロに送り出し、さらに『日亜対訳注解 聖クルアーン』執筆の大事業を完成され我々に残してくださった。）

6　三田先生の指導と「アラビア語夜間コース」の授業

私は、代々木上原の三田先生宅（東京モスクの近く）をしばしば訪れた。この研究会には片山廣氏やその他の仲間数名がいた。サーレハ・サマラーイ氏（現在イスラミック・センター・ジャパン会長）も当時東京大学の留学生であったがしばしば加わり、またパキスタン・インドからのタブリーグ・ジャマーアト（草の根宣教運動）の人達が集まる場所の一つでもあったので、時には結構な人数となることもあった。

当時はイスラームを学ぶ資料も少なく、私は三田先生に頼まれて「イスラーム礼拝作法図解」の被写体となった。先生は「もう少し目を半眼にして視線をサジダ（頓首）するあたりに焦点を合わせて、はいパチリ」といった具合であった。

こうして私は念願の拓殖大学の「アラビア語夜間コース」の授業を受けられるようになりアラビア語を学んだ。

7　アユーブ・ハーン大統領に面会できた驚き

三田先生は人望の厚い信者（ムスリム）だったので、先生の所へは新参の私のような日本人ムスリムやさまざまな外国人ムスリムが集まり、一見塾のようなものであった。先生のガリ版刷りの小冊子『ムスリムの日常生活』（イスリムの日常生活と間違えて書いてあるが）という本をよく読んだ。礼拝に必要なアラビア語も、その読み方とともに記載されていた。

あるとき私は、パキスタンのタブリーグ（草の根宣教団）の人達から「これから大使館に行って大統領に会おう」と誘われた。私は新参ムスリムとして半信半疑の状態で彼らについて行った。そして驚いたことに軍服姿の恰幅の良い、大統領閣下に直接面会できて、握手もした。大統領閣下は大切に我々をもてなしてくださった。ここで私はイスラームの「同胞愛」というものを実感したのである。

8　アラビア語熱・ムスリム熱再び

私が中学校の臨時募集により教師として働き始め、研究会ともモスク（マスジド）ともアラビア語講座とも疎遠になっていたある日のこと、教員室に突然三田先生が訪ねて来た。先生は私が最近講座や研究会やモスクにも姿を見せないので、心配して訪ねて来られたのであった。

これで私は目が覚め、再びモスクに出入りするようになり、研究会やアラビア語講座にも通うようになった。今回顧するに、三田先生はこの時にはすでに生涯の大事業『日亜対訳注解聖クルアーン』の刊行を決意されていたのであろうと思う。

こうして私達留学希望者はお互いに情報交換をしたり、在京タタール人ムスリム達とイスラームについて話し合ったり、先輩達の会合の末席に座ってイスラーム世界の動向の話を聞きながら留学できる日を待った。

9　留学して国際色豊かな学生街に住み考えたこと

私は留学のほうは半ば諦めていたがそれが急展開し、一九六二年三月に私達八名は晴れてエジプトに向けて旅立ったのである。それは入信してから二年後のことであった。これは日本ムスリム協会からアズハル大学に派遣した濱田明夫氏、鈴木珀郎《はくろう》氏の二名が第一期生で、我々八名が第二期生であった。その後も第三期生六名というように続くが、これらは全てエジプト政府による招聘留学であった。後で知ったのだが、一九六一年にアズハル大学は国立大学となっており、我々の招聘母体はタウフィーク・ウェイダー氏を議長とする「イスラーム問題最高評議会」というところであった。

私達八名のうち六名は「イスラーム使節団の町」と呼ぶ学寮が林立する学生街で暮らすことになった。一九六四年の資料によれば、アズハル大学には五五カ国から三六二七名の留学生がいたという。このようなことはまだ着いたばかりの私にはわかるはずもなく、アジア系、インド・パキスタン系、アラブ系、黒人系、白人系くらいの人種分類しかできなかった。学生寮は人種の坩堝であった。

六～七歳くらいの少年から四〇過ぎの人まで幅広い年齢層の学生がいたので大変に驚いた。当時の日本の大学には、このような国際色豊かな教育機関は全くもって類例がなかった。類例がないような現実がなぜ目の前にあるのか、私には不思議であった。

この多様性の共通項は、イスラームという一本の糸である。それをまとめ上げたのがエジプトでありアズハル大学である。言うならば私達は、この「イスラーム世界の縮図」のようなところにいきなり飛び込んだのだから、驚くのも無理はなかったわけである。

アズハル大学の学生寮の屋上で（右からマレーシア人、筆者、ヨルダン人）

10　アズハル大学総長の言葉と簡素さ

我々がカイロに到着した時には第一期生の濱田先輩は、所期の目的を達成してすでに帰国し、アラビア石油に入社していた。しかし鈴木先輩がまだおられて、いろいろと面倒を見ていただいた。

また日本の隣国で英語が通ずるフィリピン人学生の助けはありがたかった。まずは寮生活で必要な給食のための食器などの日用品を買いそろえた。一段落して、アズハル大学の総長（一代の碩学シャルトゥート師）に無事到着したことの報告と、招聘していただいた感謝の挨拶のため表敬訪問に出かけた。

総長は「日本の子らよ、遠方よりよく参られた。歓迎いたします。アラビア語を習えばイスラームがわかるようになります」といった趣旨のお言葉を述べられ、まるで我々を慈しむように、小型のクルアーンを私達一人一人にその場でサインして下さり、各人がそれぞれ頂いた。

総長はアズハルスタイルの帽子とガウンをまとっていたが、とくに目立った衣服ではなかった。その簡素さは、ローマ法王や日本の高僧などを想定していた私には一つの驚きだった。

11　特別クラス編成

私達はしばらくの間は古代博物館を訪れたり、ピラミッドやスフィンクスを見学したりして、とにかく史跡が多いので退屈はしなかった。その間にも前述の招聘元の機関（イスラーム問題最高評議会）が用意する工場見学というもう一つの見学をしていたが、そうこうするうちに大分時が経ってしまった。しかし当局からは勉学について一切通達がなかった。我々は不安になり、アズハルの事務局に勉学準備の要請をした。

その結果、特別クラスが編成された。これは語学力による編成であるので年齢に関係なく少年、青年、壮年までの混成クラスであった。そして少年達は皆黒人でコンゴ、ケニヤ、セネガルなどからの学生だった。このことは彼らがカイロで一〇年以上学んで帰国することを期待する社会が、国許にあるということを意味していた。特別クラスには少年がいたので算術の時間もあった。しかしやはりメインの教科書は預言者伝を含めた『宗教教育』と題する本であった。

12　消灯時間のない寮

カイロの気候は比較的乾燥していて、日没後の礼拝（マグレブ）が終わると大変過ごしやすくなる。誰かが花札を持って来ており、これで涼しい夜間を過ごすこともあった。時には明け方近くになることもあった。

それで気がついたのだが、この寮には消灯時間がなかった。当時の日本では考えられないことだったので、私はヨルダン人の友達に聞いてみた。すると、それはいつも誰かが『聖クルアーン』を朗誦しているかもしれないからだという一本筋の通った答えが返ってきた。それで私はなるほどと思いあたり、これほどの配慮がしかも自然体でなされていることに驚嘆した。

13 聴講生として渡り歩き情報を収集

特別クラスのレッスンを続けながら、私はアズハルの中等部と高等部の一部の聴講生となってどのような科目が教えられているのかを探った。私の仲間も同じようなことをして、お互いに情報を交換した。

それでわかったことは、少なくとも私自身としては日本では聞いたことも習ったこともない「イスラーム諸学」があることだった。それにアラビア語力が要求されるので、これは容易なことではないと思った。これでかつて東京在住のタタールの人達が「アズハルに行ったら一〇年は帰れないよ」と言っていた意味がよくわかった。

私は留学といっても三、四年くらいでアラビア語を習い、その後は貿易商人にでもなろうと、漠然と考えていた。しかしラマダーンの月（イスラーム暦第九月の断食月）になると街の広場に巨大なテントが張られ、毎夜各書店が競って山のような出版物を展示販売し、その中には現代物のほかに、古典物が大分含まれていたのに驚いた。

カイロはイスラーム世界でも出版文化の中心地だが、書籍から見ても、私には未知なる輝か

カイロの子供達と（中央が筆者、左端は鈴木紘司氏）

しいイスラーム文明が、古代に引き続いてあったことが肌身で感じられた。しかし古代エジプト文明とイスラーム文明との違いは、宗教面の他に一体何であろうかという疑問も一方ではあった。私は方針を転換して「歴史」を学んでみたくなり、聴講科目を歴史に絞りはじめた。

14　カイロの子供達との対話で考えさせられたこと

私達が寮を出てエジプトの子供達が遊んでいるそばを通ると、決まって「シーニー？」と質問してくる。「シーニー」とは中国人の意味である。中国人はその頃のカイロには留学生などはほとんどいなかった。それなのになぜいつも中国人が先に来るのか、しばらくはわからなかった。たしか当時カイロには日本料理店は一軒もなく、二軒の中華料理店があった。私はあまり深く考えずにそのせいもあると考えていた。しかしギーザのクフ王のピラミッドの頂上に登ったとき、ナポレオンの将軍達が鑿《のみ》で彫った彼らの消えることのない名前に混じって、中国人の名前が大きく刻印されていたのである。それで私には思いあたることがあった。そもそも中国は預言者ムハンマド以前の時代から良く知られており、預言者の言行録であるハディースにも「知識を求めよ、たとえ（そこが遠い）中国であっても」とある。要するにイスラームとの交流の歴史が違うのであり、これが子供達の質問となって自然に発せられたのだと思った。

それに比べると日本との交流は明治維新後のことであり歴史が浅いのである。

15 講義録のタイプ打ちと要約

エジプトに来て一年半を経て「歴史」を中心に学んでみようと決めた私は、アズハル大学アラビア語学部に歴史文明科があったので願書を提出し受験した。そして結果は合格が認められここで学ぶことになった。

講義が始まるとその教科書は活字なのでまだ良いのだが、教授の話す講義の内容は半分もわからなかった。他の学生はせっせと講義録を取っていた。アラビア文字は速記文字と言ってもよく、彼らにはそれが可能だった。私はスーダン人の友達のA君から速記講義録を借り、それをタイプライター屋にもって行き通常の文字に打ち直してもらい復習する方法を取った。この積み重ねによって講義の内容はおよそつかむことができたが、期末試験に備えたことにはまだならなかった。試験は問題用紙とB４判の二〇ページ以上の解答用紙が渡され、大方は二問から三問の解答を、聖クルアーンの筆記は一時間半、その他は二時間半の時間内に書き込まなければならないのである。

私は他の学生に比べれば書ける絶対量が少ないので、按分を間違えれば一問も解答できずにそれでおしまいということになるため、普段から要約のうえにさらに要約を重ねて準備しておかなければならなかった。

16　聖クルアーンの筆記・口頭試験と某インド人の全クルアーン暗誦者

私の場合はアラブ人以外の学生という範疇の中での試験だった。それでも毎年本試験ではパスできなかった。それで私には追試に向けて夏休みというものがないようなものだった。当然のことだが、聖クルアーンに関して大学には妥協の余地は全くなかった。

その後私はインドからやってきた自称ハーフィズ（クルアーンの護持者の意味で全暗誦者）だと言っている某氏と知り合った。彼の父親は息子の宗教教育に熱心で、彼を一〇歳以前からクルアーン暗誦塾に通わせた結果、幼年期に彼はすでにハーフィズになっていた。その後、彼は普通教育を受け大学も普通の大学を卒業してカイロにやって来たわけである。結論から言えば、さすが彼はアズハル大学の大学院に入りアラビア語のマスターは著しく迅速で、全て順調に学業を修め帰国していった。

17 友達との交流の中でいろいろ知ったこと

私は改宗したムスリムとして当然、その理由を尋ねられた。私は思索に思索を重ねた末に改宗したわけではないので、一口では答えられずにいると、前の宗教のことについて尋ねてくる。そこでいろいろと日本の宗教事情について話をしているうちに話が多神教に触れると、彼らが簡潔に次のようにまとめてくれた。「仮に二神あるとすれば、必ず（創造の意思が）ぶつかり合う（その結果、この大宇宙の秩序は生まれない）」

私はこの大宇宙が偶発的に生成したとは思わない。万物がアッラーのみ言葉「在れ」によって創造されたのであるから、万物はすべてアッラーのみ「しるし」であり恩寵であると思える。私は日本を発ってカイロに向かう飛行機の中で、「進化論はあるかもしれないが、科学は万能ではない。人間は塵のような生命体も創り出すことはできない。この道でよいのだ、これでよいのだ」と胸中密かにつぶやいたことを思い出した。

またあるとき、スーダン人の仲間達とともに、学生寮の外に住む仲間を訪ねてそこで車座になって昼食を食べたことがある。突然の訪問とあって食事はありあわせでパンときゅうりと玉ねぎと塩だけだったが、平等に赤貧を分け合って食べれば喜悦と満足の食事になることを、このとき強く感じた。

ムスリムの伝統的な食事の取り方の一つに、右膝は立て肩を寄せ合い車座になって右手のみで食べる。通行人が来ると誰にでも「どうぞ」と言って会食の輪に加わるように勧める。これは数人加わっても食べられる仕組みになっている。なお左手は不浄な手とされ左膝に置いたまま食べるように子供の時から厳しくしつけられるのだそうだ。私は南インドから来たA君と握手をしたのだが、彼はもともと右手が不自由だったので左手を握り締めた。その時の申し訳なさそうな彼の顔つきは今も忘れられない。他の者もみな彼の左手に握手をしていた。食事は左手でもスプーンを持って食べればよいのだ。何も右手優先が絶対とは限らない。やむない事情のある場合はその限りではないことがよくわかった。

18　卒業・帰国・就職

私は一九六八年の八月末までには卒業できることになった。事務局から「卒業証書を書くから出頭せよ」との呼び出しがあった。卒業証書は全て手書きであり、その場では手渡せないことになっていた。そしてそこで聞かれたのは「父の名は、祖父の名は何と言うか」ということ

帰国して間もない頃、サムニー先生と筆者

だった。そしてそれぞれメモしているところを見ると、Aの息子のBの息子のユーセフ（私のムスリム名）と書くように思えた。ここで私は「なるほど、血統を重んじて出欠を取るときと同じく父系を三代までさかのぼるのだ」と思った。

帰国後の一九六九年四月から、日本でアラビア語を学生に教えることになった。翌年の一〇月からは、私の教師人生の主軸となった拓殖大学でも教えることになった。その他にアラビア語講習会などでも教えていた。

とくに自分では意識したつもりではないのだが、話の中でどうしてもエジプトやイスラームのことに触れるようになる。私の話は単なる通りがかりの旅行者と違って、日本人の感覚には合わない点もあるが、それよりも日本人が学ぶべき実話が多かった。それでイスラームに関心を抱き、自発的に改宗者が出ることもごく稀にあった。当時、エジプト人の熱心な信者でアラビア語とイスラーム文化に造詣の深いサムニー先生が私の後ろに控えていたので、その点でも無意識のうちにお互いに補完しあえていた結果だと思う。

私は預言者伝を話すときには、思わず目頭が熱くなり、しばしば鼻声になり、学生にこれを隠してごまかすのに一苦労した思い出がある。

19 アラビア語講習会の開講とファイサル国王陛下の来日

日本ムスリム協会はその活動の一環として「アラビア語講習会」を一九六九年九月より会員と一般向けに開設した。私はこの講習会の開設に参画して、自らここで教えた。

一般にイスラームは、他の宗教に見られるような不治の病を治すなどの奇跡の数々によって広まった宗教ではない。奇跡が全くなかったわけではないが、少ないことは明らかである。こうした奇跡のうちで最大無比の奇跡は「神の言葉」としての聖クルアーンそのものであると、アズハル大学の教授は断言した。その証拠は、当時の超言語能力者としての詩人達（ジンの力を借りた言霊により何千の兵士に匹敵する力の持ち主で戦争の勝敗を決する）の挑戦を、聖クルアーン（第二章二三節、第五二章三三－三四節）の中で一蹴しているからである。

次に一九七一年五月にサウジアラビアのファイサル国王陛下が来日して東京モスクにおいて協会関係者が国王に謁見しているが、私はこの際に外務省の通訳官として雇われ、王国の儀典官（天皇皇后両陛下への御進物送呈係）の通訳と案内および国王陛下の料理人と給仕長の通訳をした。そのため私は、旧迎賓館の国王陛下の近くにいた。給仕長は私に、国王を「お父さん」と呼んで会いに行こうとしきりに誘ったが、出過ぎたことはできないと言って断った。

そこに三田先生一行が、当時の在サウジアラビア日本国大使の田村秀治先生に先導されて国王陛下に面会にやって来た。要件は多分、当時三田先生が命がけで取り組んでいた『日亜対訳・注解　聖クルアーン』の出版の件であろうと見当がついた。しかし残念ながらそのとき私は雇われの身であり、何もお手伝いできなかった無念さが、今も心に残っている。

20　外では護教論を避け内では協会の副会長として会長を補佐

私の結婚式は代々木のモスクで行ったが、披露宴は田舎と東京とで行った。後者では日本ムスリム協会現理事で前名誉会長の樋口氏に大変世話になった。

日本中東学会等とも関係するようになったが、ムスリムの研究者は黒田壽郎・美代子夫妻をはじめとする極少人数だった。

大学では、学生にはいろいろな考えを持っている人がいたので、私は単なる護教論に陥らないように細心の注意を払う必要に迫られていた。こうして協会活動とは一線を画した研究活動を続けていた。

日本ムスリム協会では森本武夫氏が会長となり、私が副会長として補佐した。会長は印刷のエキスパートで、若い時にはそのためにドイツに留学をしていた凄腕であった。会長の大仕事は『日亜対訳・注解 聖クルアーン』の印刷発刊を早期に（一年くらいの間に）完成させることであった。このプロジェクトは、三田先生の日本語訳注解に合わせて、原典のアラビア語クルアーンを切り貼りするという大変な難事業だった。

完成したものをマッカ（メッカ）にあるイスラーム世界連盟（ラービタ）で検閲した結果、原典にわずかな誤植が発見された。関係者全員の総力を結集して完成した聖クルアーンであったが、全巻を回収し焼却処分したのである。しかしこの事業はその後若い留学経験者を中心に、原典をパキスタン版からカイロ版に変えて引き継がれ、五百旗頭《いおきべ》会長時代に完成した。

21　石油危機とアラビア語そしてイスラーム

一九七三年の石油危機を境に協会の実力が問われることになった。そして一般の日本人はこの時期になってはじめて中東問題やアラビア語、ひいてはイスラームに関心を寄せるに至った。

私は時々イスラームについて講演を頼まれることがあった。しかし聴衆は「右手にコーラン左手に剣」「一夫多妻」「アラーの神」「回教」「野蛮な宗教」「後進国の宗教」「お尻を上げて地べたに頓首するかっこ悪い宗教」などなど……西欧文明や中国文明から見た偏見が根強かった。だから私はまずその辺りの釈明をすることに忙殺された。

私は、そのような野蛮で性《たち》の悪い宗教であるならば、千年以上も続いて、しかも世界の三大宗教になりうるかどうかを逆に問いかけた。そして世界のムスリムの中には、たくさんの医者がいたり博士がいたり哲学者もいるのだと説明すると、そこでようやく聞く耳を持つようになるのだった。

しかし聴衆の中には神学校で専門的に「キリスト教神学」を学んだ人がいて、顔に薄笑いをうかべながら「イスラム教には原罪というものがあるのですか」と聞いてくるのである。私はアーダム（アダム）とハウワー（イヴ）の話は聖クルアーンで習ったことはあるが、私達がその原罪を持って生まれるなど聞いたこともないので、「ない」と答えてそれ以上深入りすることは避けた。

石油危機前の中東経済などを専門とする学者の中には、「世界は進歩発展とともに脱宗教に向かうのだ」と断言する人もいた。その後その学者は、イスラーム経済の基本理念ともいうべき「無利子銀行」と題する立派な本を書いた。

もちろん「日本中東学会」などのリーダー達の学術的なスタンスは一貫していた。しかしイラン革命後の中東の動乱と九・一一事件後はイスラームの出版物が急増し、日本国内でもムスリムが増大するとともに、その関連施設（礼拝所、イスラーム食品店）も全国に展開した。しかも日本におけるムスリムの宗派も分派して、イスラーム世界の縮図の様相を呈してきている。

22　五百旗頭陽二郎会長の下で副会長として補佐、そして「信教の自由とは」

五百旗頭会長の就任時は一九七七年の五月であった。その時の日本は石油危機後の大混乱の中にあった。会員やその縁戚の間からは執行部に対しいろいろな要望や批判の声が上がった。戦前からの大先輩達からは、この際に国家権力と手を組んでこの難局に当たるべしとの助言を受けた。その中身は、戦前に回教政策を推進した仲間の国会議員も何人かいる。だから彼らが力になってくれるので、この際に外務省の外郭団体になるべしとの提案であった。そこで我々執行部は、この助言にもとづいて実際に動いたのだ。

外務省との仲介役は、元サウジアラビア日本大使の某先生であった。そして外郭団体になるにあたっては一定の許諾金を納める必要があるとのことであった。我々は奔走してようやく目処が立つところまでたどり着いた。ところが今度は金額が倍になったと言い渡されたのである。するとその金額を支払ってもよいという人物が現れた。しかしその人物の素性を知っている者は誰もなく、彼が政治家ではなく篤志家であるという決め手を欠いた状態だったので、会長と私はこの話は全てなかったこととして振り出しに戻した。

そのとき私は、日本では「信教の自由」が保障されている以上、政治家はイスラームのような極小宗教に肩入れをすれば、国民の批判を浴びて彼の政治生命は終わりになるは必定ということを肝に銘じたものである。

23 集団改宗の新興「教団」と向き合う

一九七四年一二月に「日本イスラム教団」が二木秀雄医師によって設立された。それ自体は頼もしくて大変結構なことだった。布教方法も彼らの医療活動を通じてのものだったので、我々には真似のできないことであった。

しかし私の叔母が実際に「日本イスラム教団」の会員になる手前まで行った過程から推定して、一抹の不安を抱いたこともまた事実であった。すなわち個人としては同胞であっても団体としては一心同体とはなりきれないのではという不安である。

東京は私の叔母も含めて素朴な田舎者の集合体と言っても過言ではなかった。二木クリニックではこうした田舎者の患者に対して、医師も看護婦も誠に親切だった。ただここでは異常に多量の薬を患者に出した。田舎者はそれで良いクリニックと判断してしまったのである。このクリニックの信奉者は、クリニックが薬事法に違反して訴えられていることなど意に介していなかったようだった。

24　同胞として協力、しかし団体としての合併は拒否

問題の所在は「日本イスラム教団」の集団改宗の仕方にあった。田舎者にも大変人気がある有名な歌手のワンマンショーにクリニックの信奉者や半信奉者を招待し、最後に意味もわからない紙に書かれた歌（アッラーは偉大なり音頭）を合唱して「はい、イスラームに入信」とされていた。こうした集団改宗の場面はサウジアラビア王国の高官の訪日に合わせて挙行されたようだったので、同国の評判は上々だった。

もともと教団との実質的な協力関係は、私と同じくアズハル留学生だった小笠原良治先生が二木医師の息子さんに会ってみて、誠実な真面目な人柄であると判断してから始まったのである。小笠原先生は新たに改宗する人のムスリム名を考えて、私は自宅に協会から預かっていた『日訳注解　聖クラーン（日本語版）』を提供した。

ついでサウジアラビア国王顧問（元シリア首相）のダワーレビー閣下が元サウジアラビア日本大使某先生の先導で来日され、「日本イスラム教団」（通称六万人以上と言われていた）と当協会との合併を迫った。しかし会長以下執行部の腹は決まっていて、「同じムスリムとして全面協力はするが、合併はありえない」という返答を繰り返した。その後の教団の経緯等について

は本書の目的から外れるので省略する。

25　第三回預言者伝とスンナに関する国際会議に出席して

長野以来知己を得ていた前述のカーゼム博士は、国際学会に出席するためにしばしば日本を訪れた。

一度は京都に詳しい故小村不二男氏（戦中戦後のムスリムとして、三田了一師のクルアーン出版事業に常に協力し、自身でも貴重な文献とされる『日本イスラーム史』を執筆）に先生を京都に案内していただき、私が通訳したことがあった。先生が日本人と日本文化についても深く理解されていたのは、そうしたことにもよるのではないかと思っている。

その後、先生は学会のため年に二回も来日することがあったが、そのたびに私の家に電話があり「長野の北村先生はどうしている、彼によろしく伝えてくれ」という伝言を私に残された。カーゼム博士はカタール大学総長になられて、協会からの留学生の受け入れもしていただいた。

私は一九七九年、ヒジュラ暦一四〇〇年を迎えたイベントで、カタールのドーハで開催された「第三回預言者伝とスンナに関する国際会議」にイスラミック・センター・ジャパンの木場公男先生とともに招待され出席した。当時のカタール大学では、カーゼム総長をはじめとして教授陣も職員も有能な多数のエジプト人が働いていた。

この会議の席上で、エジプト人のユーセフ・カルダーウィー師（有力なイスラーム学者として現在のイスラーム世界に強い影響力を持っている）の一喝で預言者の言行録（ハディース）のコンピューター化が決定されたことが印象的であった。

またこのドーハ滞在中に例のマッカ占拠事件が勃発（一一月）して大騒動となったが、大方の見方ではイラン革命後のイランの差し金くらいにしか考えていなかったようであった。ところが帰国して真相が明らかになるにつれて、イランの直接的関与は薄く、かなり内発的な事件であり、サウジアラビア王国といえどももはや安泰ではなく、イスラームのマグマが活動期に入ったことを窺わせる象徴的な事件だった。

このようにしてヒジュラ暦の新世紀を迎える中で、日本とてその例外ではなくムスリムの世代交代や、各種の思想や宗派の萌芽がみられ、ムスリム集団の全国的展開が進行しはじめたのである。

私は一九八二年二月から翌年の二月まで英国に留学していたために、この間の協会活動には参画できなかった。

26　カイロのサムニー先生宅で断食明けの食事（イフタール）後の会話

私にとってサムニー先生がカイロに帰国（一九七八年五月）されたことは痛手であった。私がカイロで学んだことは主に歴史と文明であり、イスラーム神学や法学などについては、それらの成立発展や人物などの歴史的側面を一通りなめた程度だった。それで信仰面で何かわからないことが生じると、私は先生にお尋ねすることを常とし、先生をわが師と思っていた。弟子として何か役に立ったことがあるとすれば、それは私がカイロで集めた書籍の中に、イスバハーニーの『歌謡の書』など、先生が必要とする書物が多少あり、それを活用していただいたことくらいである。

その後、私が調査旅行でカイロに立ち寄った際に、日本文化センターに勤めていたサムニー先生の奥様に久方ぶりにお会いした。ちょうど断食月（ラマダーン）であり、私は奥様より日没後の食事であるイフタールに招待された。サムニー先生と久方ぶりに再会したわけだが、そこには懐かしいセバイ氏や、サマラーイ先生もいた。彼らは一九六〇年代に留学生として日本に渡り、それぞれ博士号を取得した面々である。他にも二人ほど私の知らない人がいた。

イフタールの後、日本でのイスラーム布教に携わった三人の間で会話がはずんだ。サマラーイ先生はサムニー先生とセバイ氏に再度日本での布教活動をしないか盛んに誘っていた。

しかしサムニー先生は「自分は充分にやってきたし年齢も重ねてしまった」と言いながら、いつものサムニースマイルで断っていた。一方セバイ氏は鋳物工場の重役でその仕事があるので、再び日本へ布教活動をしに行くことは難しいと断った。セバイ氏は『イスラームと日本

サムニー先生宅でイフタール後の会話（右から２番目がセバイ博士、次が筆者、サムニー博士、サマラーイ博士）

人』という本の著者であり、その中で日本人は信者ではないが行動はほとんどイスラームに近いと言っていた。例えば清潔で礼節を重んずることなどである。私はセバイ氏から「相撲で蹲踞《そんきょ》して拍手《かしわで》を打つのは、手に何も持っていないということを証明する証である」と教わったことがある。セバイ氏はそれくらい日本に精通した人だった。

サマラーイ先生がなぜその時にカイロにいたかというと、想像するに、日本イスラーム史の資料を集めるためではなかったか。いずれにせよ、三人の間に布教の重荷（アブア）を誰が背負うかという会話のやりとりがあった。

イスラームでは、原則として聖職者階級は存在しないので、布教はイスラームの信者一人一人の役目であることを意味する。

人生をそれなりに精一杯生きてきた昔の仲間が、たまたま顔を合わせたイフタールの席で、こんなに布教に話が弾むのは、それが折しもカイロのラマダーン月の一夜であったからなのだろうか。

27　一線を退いた経緯

一九九三年六月に突如大病を患ってしまった。幸運にも生還したのであるが、翌年の「日本中東学会」年次大会実行委員長の大役では、下準備のために韓国に渡って同国の研究者諸氏との打ち合わせをするはずであったが、激しい偏頭痛と不眠症の中で、それも果たせなかったことは実に残念であった。しかし大会は諸先生方に支えられてなんとか終えることができた。しかしながらその後は次第に何事にも消極的になり、入退院を繰り返しているうちに、協会の活動や自分自身の活動の幅も狭くなり、二〇〇三年には遂には大学を辞める決断をするほど活動ができなくなってしまった。この間、私がやっていた業務はみんなが充分にこなしてくれていたので安心もしていた。

28 おわりに

記憶として年月は定かではないが、元アズハル大学総長であったファッハーム師が来日し、杉並の立正佼成会の普門館でイスラームについて講演され、私が通訳をしたことがあった。その時総長に同伴して来日された、私たちの留学のスポンサーであったイスラーム問題最高評議会議長のタウフィーク・ウェイダー先生から「ユーセフ、ありがとう」と言って感謝の握手をされ激励されたことは忘れ難い。また、アズハル大学での恩師であり同大学学長であるバダウィー博士が来日され、東京大学への案内役を任されたことなどがよき想い出として今でも私の胸中に残っている。

私が協会での活動ができなくなってからのイスラーム世界では、さまざまな世界的な紛争や事件が起こり、時局に対応するために協会も大変だったと思う。このように宗教間対話ひとつとってみても、今の協会は重要な役割を担っていると思う。世代交代に伴って若い人たちが活躍するとともに、日本の各地にムスリムの宗教施設も点在するようになったことはまことに慶賀に思っている。これもひとえに、在日イスラーム諸国大使館のご好意と、イスラミック・センター・ジャパンなど、他のイスラーム団体との良き連携の賜物と考える。今後の活躍も大いに期待したい。

また、協会の第三代会長にして日本人ムスリムの指導者であった恩師、故斉藤積平先生には公私とも生涯にわたって指導を賜り支えていただいた。また同様にアズハル大学の先輩である濱田明夫氏にも陰に陽に支えていただいた。これらのことに深く感謝しつつ筆を擱きたい。

仕事と宗教の狭間から

樋口美作（ハーリド）

1　プロローグ

一九六〇年代

一九六〇年代、今考えて見れば時代が若者をそうさせたのかもしれない。戦後の混乱期からようやく脱出した日本は、経済的自立にも自信を回復し、先進国に追いつけ追い越せのムードが高かった。

「海外には何か日本にないものがあるに違いない」自分の将来に夢を追う若者たちは、そんな好奇心に駆られながら、国際社会の動向に目を向け始めていたのである。

一九六〇年代は、かつてヨーロッパ列強の植民地政策によって抑圧されていたアジア・アフリカ諸国が軒並みに独立を果たし、非同盟条約国の盟主、インドネシアのスカルノ、インドのネール、エジプトのナーセル、ユーゴスラビアのチトー、ガーナのエンクルマなど、アジア・アフリカの名だたる指導者の下に「アジア・アフリカ時代」を出現させていた。

一九六三年になると、日本もようやく海外旅行が解禁され、翌年には東京オリンピックが成功裏に閉幕した。そんな国内外の環境の中で、小田実氏が著した『何でも見てやろう』は、世界の異文化や国際社会の動向に対する若者の好奇心を刺激した。「なんでも見たいものだ」と外地に飛び出して行った若者も少なくなかったはずである。

日本も我々も若かった

日常生活の中で目や耳にする欧米社会の自由と生活の豊かさ、高品質な工業製品、日本人の興味と憧れはそんな舶来品に注がれていた。後になって日本も欧米諸国に追いつき、彼らを凌駕する地位を獲得するのだが、当時はいわば「朱夏」に向かう「青春」のように、日本も若かったし我々もまた若かったのである。

一九六三年、大学卒業時の就職試験で、第一志望だった国際性のある企業の試験に失敗し、いわば落ちこぼれの悲哀さを余儀なくされていた私は、「よし俺も外国へ行って、果たせなかった夢の糸口をつかもう」そんな強い希望で、当時はやる人のほとんどいなかった特殊語学のアラビア語の勉強を始めたのだった。なぜアラビア語を選んだのか、やはりアジア・アフリカの名前に憧れていたからだと思う。何かチャンスをつかみたい、そんな思いで昼はアルバイトをしながら、夜は拓殖大学のアラビア語講座に通いチャンスを窺っていた。

2 信者（ムスリム）となって

入信の決断

そんなある時、エジプト政府が日本の若い学生を、カイロのアズハル大学へ招聘するニュースが飛び込んできたのである。当時の留学といえばアメリカの「フルブライト」の名前を聞くことが多かったし、他にも国家間の交換留学生の話もよく聞いた。しかしこれは学問的能力の面においても、いわばエリートと呼ばれる人たちの世界で、自分にとっては「高嶺の花」にすぎなかった。ところが、このアズハル大学の留学は性格的にも少し違っていた。学歴も経歴も問われることはなく、よく聞いてみると、応募者はイスラーム信者（ムスリム）であることが条件であった。「イスラームへ改宗しなければならないのか」これもまた精神的に越えなければならない大きなハードルであった。

「どうしよう」こんな良い話はめったにあるものではない。しかし親兄弟に話せば反対されるに決まっている。友人や知人に相談する話でもない。迷いに迷った挙句、もう自分の将来はこれに賭けるしかないのだ。そのために始めたアラビア語ではないか。そう心に決め「皆で渡れば怖くない」そんな思いの決断だった。

一九六五年三月一四日、忘れもしない五人の仲間とともに空路カイロへ飛び立ったのである。

イスラームの評判に耐えて

今にして考えてみても、当時のイスラームに対する日本人の知識は誤解と偏見の極みであったと思う。まずは砂漠の宗教で未開の宗教であること。一日に仕事をサボって五回も礼拝をし、一年に一カ月も仕事を二の次にして断食もやらなければならない宗教だ。法律も罪人に対する刑罰は、殺人には斬首刑、窃盗犯は手首の切断であり野蛮な宗教と言われ、挙句の果ては四人の妻が認められる好色な宗教とまで言われた。

「樋口は何でこんな宗教に入信するんだろう」私のこの話を聞いた友人や知人達は、私にどんな精神的変化があったのか、狂ってしまったのではないかと、大いなる疑問を持ったに違いない。しかし、イスラームがそのように誤解されている社会環境の中では、自分から話す勇気もなかった。むしろ隠し通せるなら隠し通したいというのが本音だった。私も話さなかったが、彼らからも何も聞いて来なかった。きっと彼らは「樋口に入信の訳を聞くなど酷な話だ」そんな同情心にも似た気持ちがあったのかもしれない。

唯一、私の入信に大きな後押しになったのは、大学時代に「将来的には君達も特殊語学をやっておくと良いことがあるかもしれないよ」と諭された国際法の一又正雄教授に、留学の挨拶に行った時、先生が、「イスラームはいろいろ言われているが、世界的には四億（当時はそのように言われていた）もの信者を持つ宗教だ。きっと立派な哲学があるのだろう。頑張ってきなさい」と言われたことであった。

3　初めて見るイスラーム世界

カイロの街並み

空の旅はもちろん初めての体験である。何もかもが驚きと感嘆の世界だった。窓から眺める雲海は、そこに子供の頃絵本で見た仙人が住んでいるようにも思われた。最初の経由地は香港だった。何気なくスイッチを入れたトランジスター・ラジオからは流暢な中国語が流れ、いやがうえにも外国を実感させられた。

カイロ空港に到着したのは深夜だった。そこには三年前に留学している友人と招聘者側の出迎えがあり、何とＶＩＰルームに案内された。入国審査も通関も全て招聘者側がやってくれた。学生寮までの送迎車は外が何も見えない護送車みたいな車だった。学生寮に到着したわれわれ六人は三階のホール（サーラ）に旅の荷をほどいた。

空の長旅の疲れに熟睡した我々は、窓から差し込むまぶしいほどの太陽の光に目が覚めた。

一九六五年三月一五日の朝のことであった。

これから何年住むことになるかわからない学生寮生活の始まりである。初めて見るカイロの町、期待と希望の思いで窓を開けて見て息を呑んでしまった。目の前に展開する光景は、近代的な建物が何もない、茶、茶、茶、茶色一色の世界であった。道路を隔てた先には広大な墓地が広がり「死の町」と呼ばれていた。

ただ気候は爽やかで街路樹のユーカリが風になびき、道には羊の群れが歩いていた。数人の子供たちが隊列を組み、国旗を肩に掛け、大声を上げながら歩調をととのえかっこう良く歩いていた。それはナーセル大統領の信任投票が行われ、「国民の九九・九九九％がナーセル大統領を支持した」ことを鼓舞しているのだということだった。

カイロの街は石造りのビルが建ち並ぶ、重厚で当時日本ではあまり見られないヨーロッパ風の街並みであった。ナイル川が街を縦断し、その周辺にはホテルが立ち並び、近代的な景観を呈していた。

我々の学生寮はカイロの中心部から数キロ離れた砂漠地帯に建てられていることを、このとき知ったのである。

ナーセル大統領の肖像画を中央に描いた8㎝×8㎝の大切手
（七月二三日「革命記念」）

アズハル大学の学生寮、ユーカリの街路樹と羊の群れ
（1965年３月15日）

こんなはずではなかった

見たり聞いたりしたことが現実と違うことはよくある。そんなことは知っているつもりだったが、旅行者気分も終わり、留学の実質的な生活が始まると、その生活様式の違いや国民性に打ちのめされてしまった。当時のエジプトはナーセル大統領の率いるアラブ社会主義国家で、ソ連の援助でアスワンハイダム建設に国力を投じている最中で人々の生活は貧しかった。

交通機関の主力はバスだが、どれもこれも古く、傾いて走っているし、不潔で時間も何もあったものではない。入口には人がぶら下がり、バスの後ろにも人がへばりついて乗っている。バスを何台待っても乗る気にはなれない。

仕方なくタクシーを拾うが、これもチップで悩まされる。何をするにも待たされる。そして何といっても耐え難いのは順番を守らないことであった。

好意と親切に励まされ

時間は瞬く間に過ぎていった。慣れるということは恐ろしいものである。周囲のことがあまり気にならなくなった。おどおどしていては何も進まない。それはそういうものだとして自分も図々しくなる。

被害者意識を解消してくれたのは、どんな時でも彼らが示す日本人に対する好意と親切さで

シリアの留学生ファオズィー君（1966年、エジプトの友人宅で）

あった。日本人と聞くと誰もが親切にしてくれた。私にとって一番の親友はシリアの留学生のファオズィー君であった。授業に気乗りせずサボっている私を見て、「ハーリド、それでいいのか」と言わんばかりに、夜になると私の部屋に来てアラビア語の文法などを教えてくれたのであった。その後彼はアメリカへ移住し、かつてあった音信も、私が転勤を繰り返しているうちに途絶えてしまったのが残念である。どうしているだろうか。いま一番会いたい一人である。

彼らの親切心は、同じ宗教を信じる者同士の国境を越えた同胞愛かもしれない。そんなエピソードを語れば、千夜一夜物語ではないが夜が明けてしまうだろう。

留学の落伍者

アラビア語もクルアーンの暗記にも自信がなく、将来教職に進む気持ちもなかった私は、約三年間で留学生活を切り上げた。しかし他の留学生と一緒にやっていた日本航空カイロ支店のアルバイトは、国際性もあり興味もあったのでそのまま継続した。ただ時間だけが過ぎていく不安を感じていた。そんなある時、東京の日本航空本社が、社員の中途採用をするニュースが入った。日本の国力とともに発展する当時の日本航空は、学卒の新人だけでは対応できなかったのである。

私はカイロ支店の推薦を受け、一時帰国してその試験を受けた。そして採用されたものの、さらに一年間はカイロ支店に留め置かれた。

就職したが波長が合わない

一九七一年春、日本航空本社に就職した。このことで、私の当初の留学目的であった国際性のある仕事に就きたいという目的を一応達したといえるだろう。周囲は自分より年下の社員ばかりである。驚いたのは彼らのスピード感のある仕事ぶりと正確さであった。エジプトの生活にどっぷり浸かっていた私は、思考方法においても動作の面でも彼らとの波長が合わないのに戸惑った。

4　日本人ムスリムとして振り返る

ムスリムとして半世紀

さて私は今、信者（ムスリム）になって半世紀に近い歳月が流れた。またサラリーマン生活を離れて十数年が経った。最近ではクルアーンを読みながら、人間の原点はどこにあるのか、人間とは何なのか、現世の生き方とは何か。そしてどこへ行くのか。そんな疑問を抱きながら、時には入信当時の惑いや辛さ、そしてムスリム人生で体験した迷いや疑問、忘れ難い同胞との思い出、憧れた海外生活での挫折などを反芻しながら、仕事から解放された自分だけの世界を楽しんでいる。

この原稿を執筆するにあたっては、日本人ムスリムとして、また企業の一員として生きてきて、仕事との折り合いの難しさや過去の折々に見聞したことなどを記して、読者には日本人ムスリムにはこんな生き方や考え方もあるのかと、理解していただければ幸いである。そしてそれが今後日本におけるイスラームの理解と布教に資すれば最上の喜びである。インシャアッラー（もし神がお望みならば）。

入信は簡単

私の入信の動機は、先に述べたように、どう見ても不純で無責任なものであった。この思いは常に消えることなく私の心の中にあった。その負い目がかえって私にムスリムとしての自覚と行動を促したように思う。しかしイスラームへの入信は簡単で、動機はあまり問題とならないことがわかった。ずっと後になってのことであるが、ひとりの若者が入信を希望し、私が所属する日本ムスリム協会を訪ねて来たことがあった。話してみると、まだイスラームについての知識がほとんどないことがわかった。

「急ぐこともないから、もう少しイスラームを勉強してから考えたらどうですか」私としては、これは先輩ムスリムとしての良心的なアドバイスであると思った。ところがそれは大きな間違いであることを指摘されたのである。

ある日、クウェートのビジネスマンが当協会を訪ねてきたことがある。話題の一つとしてこの入信の経緯を話した。ところがこれを聞いた彼は、厳しい表情で「それはとんでもないことだ」と言った。そのわけとは「人間はいつどこで何が起こるかわからない存在であり、もしその若者が一歩外に出た瞬間に事故にあって命を落とすことになったらどうするのか。ムスリムであれば天国が約束されているのに、あなた方が入信を先送りにしたために彼は天国への道を失うことになる」と。

アラビア語を学ぶとは

ムスリムになってからは、クルアーンを読むためにもアラビア語の勉強の必要性が増した。当時は在日外国人ムスリムも少なく、私達の先生はアラビア語もイスラームの勉強も在日エジプト（当時はアラブ連合共和国）大使館館員や数少ないアラブ留学生だった。アラビア語やイスラームを学ぶといっても、どちらも教材がそろっているわけではなく、手さぐり的な勉強であった。

アラビア語の先生は文化部のダルデリー書記官だった。先生は私が入信する時にイスラーム名（ハーリド「永遠不滅」）を付けてくれた人で一見穏やかで好々爺の感じがする紳士であった。アラビア語は発音が難しく、ダルデリー先生は、アルファベットをメロディーをつけて教えてくれた。「アー　バー　ター　サー　ジャー　ハー……」学生全員が発声する時は音楽教室のようだった。

アルファベットの中には何回繰り返しても発音できない単語もあった。すると、できの悪い私に業を煮やした先生は、堪忍袋の緒が切れたように、私に向かってチョークを投げつけるのだった。

そんな荒っぽいことをされて気まずい思いに苦しんでいる私に、授業が終わっての帰り際には、先生は笑顔で、覚えたての日本語で「ハーリドさん、あのね……」と穏やかな表情で語りかけてくるのであった。

「たとえ喧嘩しても、そのままにせず仲直りをすること」これはイスラームが教える美徳の一つでもあるが、私は今でもクルアーンの中でこの章句に出会うたびに、このダルデリー先生とのことが思い出されるのである。

イスラームを学ぶ

イスラームは啓示宗教である。その点、神道の自然崇拝や日本仏教の祖先崇拝とは全く性質を異にする宗教である。

六一〇年、マッカ郊外の洞窟の中で瞑想に耽る一人の男性がいた。四〇歳になるこの男性に、ある日突如として激しい震えが走った。神の啓示が下された兆候であった。


慈悲あまねく慈愛深きアッラーの御名において。

読め、「創造なされる御方、あなたの主の名において。一凝血から、人間を創られた。」読め、「あなたの主は、最高の尊貴であられ、筆によって（書くことを）教えられた御方。人間に未知なることを教えられた御方である。」（クルアーン九六章一―五）

まさに神（アッラー）が預言者ムハンマドに啓示を与えた一瞬である。ムハンマドはその恐ろしさに震え、妻のもとに飛んで帰り毛布に包まってしまったと言われる。

爾来二三年間にわたり、アッラーはムハンマドを使徒として、その時々に人類がこの世で平安に共生するために必要な導きを、規則として啓示したのである。その啓示の数々はアラビア語であり、それを一冊の本に編集したのが一一四章からなる『聖クルアーン』である。

イスラーム信者（ムスリム）の行動の指針はこのクルアーンであり、その基本は、「アッラーのほかに神なく、ムハンマドは神の使徒である」このことばを信じ、唯一にして全知全能たる神（創造主）に自己の全てを委ね、預言者が生前に残した言行録（ハディース）を生活の範として誠実に現世を生きようとするものである。

アッラーの代理人

アッラーはまず地上の凡てのものを創り、更に天の創造に向かい七つの天を完成させたという。これはクルアーンの中に見られる天地創造の記述であるが、聖書の記述とも類似性があって興味深いところである。

宇宙の凡ての創造を終わったアッラーは、人間の祖アーダム（アダム）を土から創り、天使を光から創った。そして天使に向かって言ったという。「本当にわれは、地上に代理者を置くであろう」と。それを聞いた天使は「あなたは地上で悪を行い、血を流す者（人間）を置かれるのですか」と答え嘆いたという。（括弧内は筆者）

アッラーは天使に、「わしはおまえたちが知らないことを知っている。そしてアーダムに凡てのものの『名』[1]を教えた」と言われ、それらを天使たちに示し、もしおまえたちの言葉が真実なら、これらのものの『名』を私に言って見なさい」と言われたという。

天使たちは「あなたの栄光を讃えます。あなたさまが私たちに教えられたものの外には、何も知らないのです」と答えたという。（クルアーン二章二九―三二から抜粋）

人間の姿は美しい

人間はアッラーが創造した中で一番美しい傑作であるという。（クルアーン九五章四）美しい姿とはただ単に外観上のことだけではない。それは内面的な性質と体格との均整を意味するものである。そしてアッラーの代理人たる地位を授けられ、自由裁量の意思と、それに伴う責任を課されて地上に送られてきたのである。人間がこの世で生きるということは何か、それはアッラーが創造した宇宙や地球上のすべての被造物の違いを理解し、神から与えられた物事を分別できる叡智、「名」によって管理し、共生共存していくための責任があるということであろう。

教義と実践

イスラームの教義は六信[2]（信仰箇条）と五行[3]（実践箇条）が対になっている。「信ずること」と「実践すること」が不可分の関係にあり、いかに優れた信仰でも実践なくして完結しない。「イスラームは五つの柱の上に成り立っている」と言われるくらいに五行にこだわるのである。五行の中でも礼拝が一番大切な義務行為といわれる。

クルアーンは天使ジブリール（ガブリエル）によってアラビア語で預言者ムハンマドに啓示されたものであるが、アラビア語で書かれたクルアーンは神の言葉として一般の本とは区別し、粗雑な扱い方は禁じられている。礼拝堂（マスジド）の中でも絨毯の上に直接置くことはせず、あくまでも手で持って、あるいは書架に乗せて読む。

またクルアーンは全世界どこへ行っても一字一句違うことがなく、この統一性はイスラームの強みであると思う。読み方も違わないように、文字のそれぞれに発音記号が付されている。なぜなら同じ一つの文字でも読み方によって意味が違ってくるからである。

クルアーンの暗記

礼拝はアラビア語のクルアーンの章句を読誦しながら行うが、どこを読誦するかは、本人の心にピタリとくる章句を三節以上選んで、第一章「開端章」（アル・ファーティハ）と組み合わせて朗唱する（黙唱する時もある）のである。

とくに「開端章」はムスリムとして最初に暗記しなければならない大切な章句である。なぜなら前記したように、礼拝する時は必ず読誦しなければならないクルアーンの真髄とも言われる章句であるからである。生まれながらのムスリムは、子供の頃から家庭で親や兄弟から教えられたり、クッターブ（クルアーン暗唱塾）で学んだりするので学校に入る前に暗記してしまうのである。

先生の読むクルアーンを、オウム返しに何回も何回も繰り返すのであるが、なかなか暗記できない。アズハル大学の難しさは、このクルアーンの暗記が必須であることといわれる。試験期になると学生寮や礼拝堂（マスジド）の中で、行ったり来たり歩きながら必死で暗記に取り組む学生の姿が見られる。

砂による洗浄（タヤンムム）に大ショック

信者はこの信仰の五行の他にも、ムスリムとして覚えなければならない作法がいろいろある。その方法は理論的にも形の面でもしっかり決まっていて信者同士で混乱することもない。

例えば礼拝に入る前には洗浄（ウドゥー）といって手、口、鼻、腕、顔、耳、髪を水で洗ったり、濡らすなどして清浄にしなければならない。作法の手順も形も決まっており、新人の信者にとっては聞くことなすこと全てが珍しく、また「大変だなぁ」と思うのである。

これは私が入信して間もない頃のエピソードである。その日も一緒に入信した友人と、信心深いエジプト人にアラビア語を習っていた。アラビア語の勉強の後は決まってイスラームの話になる。その日はこの「ウドゥー」の説明であった。先生は腕まくりをすると順序に従って実演しながら親切に教えてくれた。洗浄はもちろん水で行われるのであるが、問題は砂漠の国で水がない時はどうするかであった。そんな場合の作法は、手のひらを清浄な砂に触れ、その手をもって顔を洗うようになぞるのだという。

それを実演してくれた先生は、眼鏡を外したかと思うと、隣にあった埃の溜まったテーブルの上にバシッと手を置き、その手で顔をなぞったのである。「ウワー凄い」、何の躊躇もなくやってのけた先生は平気な顔をしている。「ウゥー、俺達はこれから大丈夫だろうか。イスラームの世界に入ってやっていけるだろうか」無言のうちに友人と互いの顔を見合わせたものである。幸いにもエジプト、イラク、サウジアラビアに生活した私の一三年間のムスリム人生では、砂で洗浄する状況になったことは一度もなかった。

「じゃ天国でな」

来世は永遠なる世界、楽園に入りたいという願いはムスリム共通の願いなのである。

数年前にヨルダンの史跡で会ったヨルダンの老人は、私がムスリムであることを知って大変喜んでくれた。別れ際に握手しながら交わした挨拶の中で、私たちはもう二度と会うこともない別れである「マッサラーマ」（あなたに平安がありますように）と言って手を差し出した。すると彼の別れの言葉は「フィッジャンナ」（じゃ天国でな）と言って私の手を握ってきたのである。胸に迫る言葉である。私はこの別れを体験してからは、外国人ムスリムとの間で交わす別れの挨拶は、「じゃまた会いましょう」（マッサラーマ・イラーリカーァ）と「じゃ天国でね」（フィッジャンナ）とを意識的に使い分けるようになった。

5 仕事と宗教の狭間から

礼拝、断食、酒にどう向き合うか

日本人は仕事人間と言われるくらい仕事にこだわる民族である。また宗教に対する偏見もある。とくに戦後は「宗教はアヘンだ。宗教に熱心になると仕事も疎かになり社会から遊離するしろくなことがない」とまで言われた時期もあった。そのような日本人の精神文化の中で、一人のイスラーム信者（ムスリム）がイスラームの義務行為をどのように果たして行うとするのか。一日五回の礼拝や一年に一カ月の断食をどう実践するのか。また酒との付き合いをどうするのか。仕事との絡みの中で、仕事と宗教との間には大きな「溝」がある。この溝をどのように埋めていくことができるか、そこが日本人ムスリムの生き方の大きな要だと思う。

せっかく入信した新しい信者も実践に耐え切れず離れていく人。入信を考えている人でも実践が難しそうでなかなか決心できない人。実践のために定職を持たず、フリーターを選ぶ若者。実践のために人の輪の中に入らない人。いずれも個人的な理由があってのことであり、画一的な解決方法を見出すことは難しい。しかし今後日本にイスラームを定着させていくためには、何か思考方法の点で良い知恵があるのではないかと思うのである。

仕事と宗教

法華経を説く導師のことばに、「知る、わかる、できる」がある。「知る」とは教えの内容を知ること、「わかる」とは教えの理解をより深め、自分の信仰としてどのように受けとめるのかを明確にすること、「できる」とは理解したことをどのように実践していくか、であるという。(「躍進」二〇〇四年七月号、立正佼成会、二二ページ)

前述したように、とかく日本では、仕事と宗教は相矛盾するもののように考えられている。したがって会社で働く信者(ムスリム)にとって、礼拝や断食のように勤務時間に絡む義務行為は、どちらを優先すべきかと悩むのである。なぜならその思考の根底には「仕事か宗教か」という優劣の概念が働くからである。しかしそうではなく、この「仕事と宗教」という両者の間には同等な概念があると考えるべきなのである。礼拝も断食もムスリムにとっては重要な勤行である。しかし仕事もまた生きていくために必要な重要な勤めである。全知全能にして寛大なる神、アッラーは全てお見通しである。実践が難しい状況にある時、例えば職場や旅行中の時は簡潔にしたり、後で償いの礼拝をするなどの対処方法をクルアーンの中に用意されているのである。（二章二三九および四章一〇一）

生計の道(4)

われは地上においてあなたがた（人間）に力をもたせ、またあなたがたのため、そこに生計の道を授けた。（クルアーン七章一〇）

宗教と仕事との関係をどう考えるべきか。この問題を解決するには、イスラームの信仰には欠かすことのできない二つの基本的なことばを知る必要がある。その一つは「アッラーのほかに神なし」であり、もう一つは「ムハンマドは神の使徒である」という入信の時に宣誓することばである。最初のことばは神と人間の「垂直軸的な関係」を意味し、二番目のことばは人間同士の「水平軸的な関係」を意味する。(5)これを拓殖大学の森伸生教授は講演の中で「縦の信仰」と「横の信仰」と説明している。縦の信仰とは「六信五行」すなわち信仰箇条と実践箇条のことであり、この信仰は本人とアッラーとの直接契約の範疇にあり、他人が入り込む余地は全くない。最後の審判によってその人が来世は地獄に行くのか、それとも楽園に入るのか、それはその人が現世において神との契約をいかに忠実に果たしたかによるもので、誰も関与できない自己責任の問題である。

一方の横の信仰とは、信者自身が人間として社会生活を営むうえで、いかに他人と善良な人間関係を保持して平和的に生きるかであり、他人との利害関係が多くからむ行為である。仕事はいわばこの範疇、すなわち横の信仰に属する行為である。人間が「生計の道」を享受するにはこの縦と横の信仰行為の調和が求められるのである。

拓殖大学のイスラーム研究所シャリーア（イスラーム法）専門委員会委員の遠藤利夫氏は、「二〇〇のハディース」（大木博文訳注「労働について」）で次のように解説している。「働ける者が働かないのはハラーム（不法）であり、家族の為に働くのは義務である。（生命を維持するための）労働とは、アッラーから託された代理人たる人間としての勤労であり、大切な信仰行為であり宗教的生き方そのものである。」（日本ムスリム協会会報「イスラーム」一六八号、丸括弧内は筆者記入）

楕円形の理論で考える

仕事と宗教の間に横たわる溝を埋め、仕事社会の日本で、日本人ムスリムが対等な立場で生きていくためには「楕円形の理論」[6]が参考になる。この理論は、『茜色の空』辻井喬著（文藝春秋社）の中で高潔な志と言われた、元内閣総理大臣大平正芳氏の持論であったと紹介されている。すなわちこの理論とは物事を決断する時、一つのものを中心とした円の中で考えるのではなく、対極する二つのものを楕円形の中に入れて複眼的に対処する思考方法である。「仕事か宗教」ではなく、「仕事と宗教」の二極を楕円形の中に入れて、両者の間に存在する「溝」を浅くして均衡を保とうとするのである。そうした努力、悩み、忍耐、緊張感の中にこそムスリムとしての自己認識を深めることができるし、人間としての進歩が期待できるのではないだろうか。

クルアーンには次のような章句がある「アッラーはあなたがたに易きを求め、困難を求めない。」（二章一八五）またアラブの格言には[7]「仕事は祈り」とまで言われているのである。

非イスラーム国日本に生きる少数派ムスリムにとって、もっと前向きに考えるべきことは、戒律や義務行為にやたらと教条的になろうとするのではなく、クルアーンや預言者の言行録（ハディース）に見られる簡潔な対処方法に対し、もっと素直で受容的であってよいのではないか。例えば会社でできなかった礼拝は家に帰ってから償いの礼拝をするとか、それはけっしてイスラームの本義を失うものではないし、ムスリムとしての境界線（非ムスリムと言われる）を越えるものでもない。

6　日本にイスラームの将来を問う

古典的「風土」の違いをどう見るか

日本にイスラームが定着するかどうか、この問題については大方の人が否定的見解を取るだろうと思う。その理由は「イスラームは砂漠の宗教であり日本の風土に適した宗教になりえない」というのが一般的な見解である。かつて日本の有名な哲学・倫理学者、和辻哲郎（一八八九－一九六〇）は、人間存在の構造を空間性（風土性）で考察し、その著書『風土』の中で民族の気質や文化はその地域の「風土」に影響を受けるとした。[8]

そして世界の風土を①モンスーン型（東アジア）、②沙漠型（西アジア）、③牧場型（ヨーロッパ）の三類型に設定したのであった。そして井上光貞氏はその解説の中で「この砂漠的人間の生み出したのが、人間の絶対的服従を求めるヤーヴェのような人格神であった」と述べている。（三六四ページ）

これはイスラームと同様に一神教の系列であるユダヤ教を例としているのであろうが、確かに姉妹宗教といわれるイスラームが発生した地域は「沙漠型」風土、アラビア半島のマッカ（メッカ）である。明らかに日本の「モンスーン型」風土とは違う。民族も違えば思考方法も違う。

しかしながら一四〇〇年経過した今日、ムスリム人口は世界的には一三億人に拡大し、先進国といわれる欧米諸国（牧場型）にも千数百万人のムスリムが定着を始めているのである。この現象をどう見るか、それはイスラームが多様性を許容し、必ずしも砂漠民族に限られた宗教ではなく、普遍的な宗教であることを物語っているということであろう。ということは、かつて「風土」をもって金科玉条のごとく、万人がイスラームの特性を砂漠の宗教と理論づけた時代は終わったということである。

それにもかかわらず日本にムスリムの数が少ないのはなぜか、よく問われる質問である。その一つの理由として挙げられるのは、まずは日本におけるイスラームの歴史はまだ浅く、最初のムスリムが生まれたのは百数十年前にしか過ぎないことである。また歴史的に見ても日本民族とイスラーム民族との交流はなく、太平洋戦争の一時期には、マレーシアやインドネシアなど東南アジアのイスラーム諸国に宣撫工作員を派遣し、地域によっては現地人との紛争はあったが、かつて欧米列強が推進した植民地的支配関係にはいたらなかった。現在のヨーロッパに見られるイスラーム移民の増加と定着現象は、そうしたかつての宗主国時代の遺産によるものといえるであろう。

イスラームに「不易流行」はあるか

物事には本質的に不変のものと、時代の流れや環境の変化によって柔軟に対応する可変的なものとがある。この思想は松尾芭蕉が俳諧用語として説いたものと言われる。（広辞苑）

七世紀半ばに編纂されたアラビア語の聖クルアーンの章句が、約一四〇〇年経った現在でも、原本と一字一句違っていないというこの「不易」の事実は、他の宗教では追従できないイスラームの特質であり資産であると思う。聖クルアーンの不変性は自明の理としてイスラーム世界の掟でもある。しかしその一方で、それがイスラームの後進性であり、非寛容性であると非難されるのである。イスラームは今まさに近代化という「流行」の矢面に立たされているのであり、この「不変」と「可変」の二面性の試練の中にあるといわなければならないだろう。

不変的クルアーンの教理と、可変的な近代生活の要求をいかに調和の方向に導くか、これは法学者の大きな役割であり、イスラームの伝統的な問題の解決方法として各国の大法官（ムフティー）が発出する法判断（ファトワ）によってイスラーム社会は規律を維持しているのである。エジプトの現在の大法官（グランド・ムフティー）アリー・ジョモア師は「クルアーンと現代の橋渡しをするのが我々の役目だ」という。これは不変のクルアーンを時代の流れの中でいかに解釈するかであり、イスラームに「不易流行」の思想があることを意味するものであると思う。

最近の政治、経済、文化のグローバル化は、日本とイスラーム諸国との人的交流を活発化している。近年になってよく見られる現象は、日本人男女と外国人ムスリムとの国際結婚である。新しく形成されたイスラーム家庭は、イスラームを次世代へ引き継ぐ母体としての役目を果たしている。若い世代のこの動向は、かつての日本には見られなかった二一世紀の新しい現象といえるであろう。この現象が、今後も日本に定着するかどうかは、日本にイスラームが広がるかどうかの問題であり注目される。この新しい二一世紀的現象を持続するには、信者同士がお互いに共通の精神的同意を持つことが必要である。その同意とは、イスラームの中に、またムスリム個人の心の中に「不易流行」の思想を許容することにあると思う。

玄冬の時代を乗り越える

「迫りくる玄冬の時代に」と題して、五木寛之氏は最近の経済の混乱や凶悪化する犯罪に危機感を覚え、かつての平安期から鎌倉時代への過渡期を例にとりながら、弱肉強食の修羅の時代が長く続く玄冬の時代の到来を警告している。(「夕刊フジ」二〇〇九年一二月二九日号)

かつてバブル経済の崩壊までは日本の伝統的な社会構成は中間層の厚さであった。それが今では生活のあらゆる分野において格差が生じ、底辺に喘ぐ層が拡大している。仕事人間といわれる日本人が働けない経済環境は悲惨である。人々は精神的豊かさを失い、犯罪の範囲は老若男女から親子の間にも及んでいる。

日本は戦争のない平和な国と誰もが言うだろう。しかし実態は、過去一三年間にわたって続く年間自殺者三万人の数は、イラクやアフガニスタンの戦死者の数をも超えるものであり、実は日本は戦争なき戦争国なのである。雪国の冬のように、陽の光の弱い寒々とした冬の時代はいつまで続くのだろうか。専門家の中には患部を一時的に治す応急処置では今の状況を越えられない、根本的に構造を変えるような大きな手術が必要だという。もしそうなればまた新たな犠牲をも覚悟しなければならないだろう。それによってさらに苦しみを味わうことになる人たちに、誰がどんな援助の手を差し伸べるのだろうか。長期的な冬の時代、それが玄冬の意味であるという。

イスラームの社会的包摂

今一番活力のある宗教はイスラームであるといわれる。もしそうだとしたら、その理由はどこにあるのだろうか。私がこれまでムスリムとして生きてきた経験から知るところでは、まずはムスリム自身の神（アッラー）に対する帰依する心の強さである。そしてそこから湧き出る無意識的な同胞意識、相互扶助、苦しむ人への同情心（同胞愛）、喜捨の心ではないかと思う。持てる者は持たない者に施す、この精神的連帯は紛れもなく共有されている。

イスラームの地域社会の特長は、礼拝堂（マスジド）を中心としており、金曜日の集団礼拝の日は大勢の信者が集まってくる。そこへ行けば友人の誰かに会うことができ、生活相談や情報の交換もできる。礼拝が終わると生活困窮者が平然と恵みを乞う姿も見られるのである。

マスジドとはそもそも礼拝の場ではあるが、かつては隣接して学校や病院そして宿泊などの機能をもつ信者共有の慈善の建物でもあり、信者が集まる場所としてその存在意義は大きい。かつて日本社会も、神社仏閣を地域の核として、春夏秋冬に開催される祭りは、庶民の連帯意識や相互扶助の精神を醸成し、冠婚葬祭を含む憩いの場としての機能を果たしていたように思う。しかし現状は、とくに地方の仏閣の荒廃が目立っており、その働きは衰退している。

北海道大学の中島岳志准教授は、雑誌「潮」二〇一〇年四月号の舛添要一参議院議員との対談の中で述べている。「人と人との関係性で、何とかやりくりしていく。地域社会における相互扶助が成り立てば成り立つほど、政府は大きな手当てをしなくて済む。また、そういう社会は強い。たとえ貧しくても、人と人との関係性を保ちながら意味ある生を送っていくことができるからです。」（八六－八七ページ）

そしてさらに「税金をひたすら上げ続けて全部国が手当てすることなどできません。地域社会を強くするしか道はない。市民団体や宗教団体、そして地域コミュニティによるソーシャル・インクルージョン（社会的包摂）とその活動への主体的参加が、今こそ重要なのです。」と述べている。

イスラームが説く喜捨（ザカート）は、貧者の救済を目的とし、身近なところで利益を分配する。それは公的機関（政府や地方自治体）の業務を私的行為が補うセーフティーネットの意義を持っていると言えるだろう。

かつて日本人の精神の形（道徳）であった惻隠《そくいん》の精神（『国家の品格』藤原正彦著、新潮新書、一一六ページ）が希薄になった今日、イスラームのマスジドを中心とした伝統的な社会的包摂活動は、玄冬の時代を越えようとする日本社会への提言になりうると思う。そして日本人ムスリム一人ひとりが、そのイスラームの美徳を日本社会の中で発揮していくなら、イスラームの日本社会への定着の可能性も大きくなるに違いない。

注（1）「名」とは、ものの内面の性質や属性を意味し、感覚を越えた面をも含む。人間には、天使には授けられていない感情の資質がある。人間は愛しまた愛を理解することができる。これにより地上におけるアッラーの代理者となりうる計画性と主導力を持つことになる。主から授かった知識と才能を備えた人間こそ、主の許しと導きで初めて地上の管理が可能となるのである。

（2）アッラー、天使、諸預言者、諸啓典、最後の審判（来世）、天命。
（3）信仰の告白、礼拝、喜捨、断食、巡礼。
（4）生計の道とは、人間が生命を維持し美化し練成するために必要なもの、また生活を営む上で助けとなる力量、技能、機会を意味する。（三田了一『日亜対訳注解　聖クルアーン』一七九ページ、注4）
（5）小杉泰『イスラームとは何か』講談社現代新書、一九九四年。
（6）「行政には楕円形のように二つの中心があって、その二つの中心が均衡を保ちながら緊張した関係にある場合、その行政は立派といえる」こと。辻井喬『茜色の空』（大平正芳の肖像）、文藝春秋社、二〇一〇年、六一ページ。
（7）曾野綾子『アラブの格言』新潮新書、二〇〇三年、一六二ページ。
（8）和辻哲郎『風土―人間学的考察』岩波文庫、一九七九年。

ムスリム・ジャーナリストが見たイスラームの世界

最首公司（アブドルアジーズ）

いきなりマッカ巡礼

一九六八年二月、マッカ巡礼のためにぼくは羽田空港を発った。見送りには家族のほかに三田了一師や斉藤積平氏、それにサウジアラビア大使館のクルディ書記官、パキスタン人のライース君らが来てくれた。五年前のインド学術探査隊では、総勢八人だったので不安はなかったが、今回は単独行で、しかもイスラーム世界最大の宗教行事への参加だ。しかも入信して一年余、巡礼がどのように行われるかも知らないし、教わる時間もなかった。

「ジェッダ空港に着けば情報省から出迎えが来ているので、心配することはない」と、クルディさんは励ましてくれるのだが、とても緊張していて、空港で誰とどんな言葉を交わしたか覚えていない。

バンコク、カラチで給油してカイロ着。そこでジェッダ便に乗り換えるのだが、カイロ国際空港のロビーはさまざまな人でごった返していた。ジェッダ行きのカウンターに並んだビジネスマン風の二人のアラブ人を見逃さないようにして、出発時間を待った。

ジェッダ空港に着くと、白い布を身にまとったいくつもの団体が係官に誘導されて出て行った。ぼくは例のビジネスマンの二人連れのあとに従って入国審査窓口に並んだ。念入りな手荷物検査を終えて空港を出たときは日が暮れていた。

次々と声をかけてくるタクシー運転手を振り切って、迎えが来るのを待つ。だが、それらしき人は現れない。「アラブでは待つのも仕事のうち」と聞いていたから、我慢強く待つことにする。でも、だんだん夜が更けてくると不安になってきた。

仕方ない、どこか宿を探そう。一人の若いタクシー運転手をつかまえた。英語ができない？

「ルカンダ（宿屋）へ」

ホテルというアラビア語には「フンドック」と「ルカンダ」があると教わったが、「ルカンダ」は「旅館だ」に似ているので、もっぱらこちらを使うことに決めていた。

スーク（市場）に近いルカンダは、文字通り「木賃宿」で、炊事場にかまどがあって、そこでそれぞれが料理を作る仕組みだった。ぼくはそんなところへ割り込む勇気がなく、もっぱらバナナを買ってきて、飢えをしのぐことにした。二月というのに、朝目覚めるとシーツがぐっしょり濡れていた。

情報省の役人と連絡がとれたのは三日後だった。ジェッダ空港へ着いたとき、ぼくは白衣の巡礼姿の列につくべきだった。情報省の出迎えのお役人はそこでぼくを待っていたのだ。

でも、ぼくが泊まったホテルの同宿者はみな親切で、アフリカからの巡礼便スチュワーデスは僕のためにトマトと豆がたっぷり入った郷土料理を作ってご馳走してくれた。イスラームを知るいい経験だった。

聖地の人、みな聖人に非ず

情報省から送られたぼくの運転手はオマル君といった。巡礼開始まで三日あるので、ぼくはマッカという土地に慣れておこうと思ってオマル君にマッカ行きをお願いした。アラビア語しかできないオマル君と拙い英語しかできない僕との珍道中が始まった。

マッカは岩山に囲まれた盆地状の町だ。坂を下るころから車の渋滞が始まった。あっちこっちから集まってくる車でにっちもさっちもいかない。クラクションと怒声が飛び交う。と、そのとき運転席のドアが開けられ、オマル君が引きずり出された。いったいなにがおきたのか、ぼくには判らない。二〇分くらいしただろうか、車に戻ってきたオマル君は唇が切れ、目の周りが腫れている。背中が痛いと顔をしかめながら訴えた。

オマル君がある王族の車の前を横切り、進路を妨害したのが悪いと懲罰されたのだそうだ。

だからといって、殴る蹴るはないだろう。聖地に集う人、みんながみんな聖人でない、とぼくはそのとき知らされた。

日本に帰ってこのことを新聞に書いた。するとクルディさんがこういった。「イスラームとムスリムは違うのです。イスラームは一つだけど、ムスリムにはいろいろな人がいます。だからイスラームを学んで下さい」。この言葉でぼくは救われる思いがした。

ぼくの同室者はレバノンの記者だった。彼はアラビア語とフランス語ができたが、英語は「ノン、ノン」と首を振っていた。巡礼への出発の朝、ぼくたちは用意された二枚の白布で身を包む（エヘラームという）のだが、ぼくと彼の着け方が違った。「それ、反対じゃないの？」と身振りで伝えたが、彼はこれでいいのだと言い張った。

迎えに来た情報省の役人が、彼に注意して改めたが、ぼくはこの様子を見てほっとした。ぼくと同じように、巡礼の仕方が未消化のまま参加した人がいるんだ……。

え！　これって宗教行事？

ぼくが入ったテントはジャーナリスト・グループのもので、一般の巡礼者よりも恵まれた条件にあると思ったが、翌朝、ぼくの隣に寝ていたヨルダンのジャーナリスト、ハサン氏が足をサソリに刺されたと大騒ぎになった。彼はそのまま入院し、巡礼には参加できなかった。ヨル

マッカ大聖殿の中心「カアバ聖殿」(筆者撮影)

マッカ郊外の預言者が初めて啓示をうけた
「光の山」の洞窟（左が筆者）

ダン籍だが、パレスチナ難民だった。

前年一九六七年六月、聖なる月ラマダン中のアラブに奇襲攻撃をかけたイスラエル軍は、たちまちシナイ半島とゴラン高原、そしてヨルダン川西岸を占領した。世に言う「六日戦争」で、その後のパレスチナ問題に深刻な課題を残した戦争だった。多くの難民が発生した。彼自身も銃をとってイスラエル軍と戦った一人で、敗れてヨルダンに逃れてきた。婚約者は西岸に残ったので、連絡がとれないと、嘆き、怒っていた。

「これからラフマ山（といっても丘のような小高い場所だった）の集会で、ファイサル国王の演説がある」と、案内役にせきたてられ、これを皮切りにグループの一員として、三日間、集団行動をとることになった。

「ラフマ」とは「慈悲」という意味なので、この小高い場所は「慈悲の丘」とでもいうのだろう。その丘は白衣をまとった大勢の巡礼者で埋め尽くされていた。用意のいい人は洋傘を掲げて日射を避けている。

スピーカーから国王の演説というのか、説教というのか、朗々たる声が流されてくるが、国王の姿をとらえることはできない。案内者が英語に訳してくれたが、国連が決定した境界線を侵害し、アラブの領土を奪ったイスラエル軍の不当性を糾弾する内容だった。国王は声を絞るようにして、イスラエルの非を鳴らし、アラブの団結を呼びかけた。

「聖地巡礼」とは、粛々と行うものだとぼくは予想していた。だからファイサル国王の演説は宗教行事に相応しくないと考え、新聞にもそのような趣旨のことを書いた。日本では政治と宗教は憲法によって峻別されている。これが世界の標準だろうと考えていた。

いま思い出せば恥ずかしい限りだが、ぼくのそういう考えは間違っていた。勉強が不足していた。イスラームにあっては、政治も経済も文学も、すべてが一体としてとらえられる。「政教分離」でなく「政教法文経が一体」なのだ。そのことを知ったのは、帰国後、改めてイスラームを学び直してからだった。

草野球の腕のみせどころ?

巡礼ではもう一つ失敗したことがある。ミナーの谷の先に立つ、悪魔にみたてた石柱に小石を投げる行事がある。旧約聖書や西洋絵画で知られた物語が、この行事の下敷きになっている。

ある時、信仰篤いイブラーヒーム（旧約ではアブラハム）を試そうと、神は息子のイスマーイール（旧約ではイサク）を犠牲として差し出せと命じる。「そんなむごいことを命じるのは神ではない。いうことを聞く必要はない」といって、白髪の老翁がイブラーヒームを制止する。

イブラーヒームは三度、この老翁に石を投げて追い払い、イスマーイールののど元に刃を突きたてようとしたとき、神は「イスマーイールを羊に代えて犠牲にせよ」と啓示する。

「明日は石投げの行事があるから、小石を拾っておくように」と、ムズダリファの野で仮眠するときガイドにいわれた。草野球でぼくはピッチャーとしてかなりの速球を投げていた。悪魔に見立てた白い石柱に狙い定めて投げつるには手ごろな石を見つけなければならない。ぼくはクルミ大の石を一〇個余り拾い集めておいた。

「そんな大きな石を投げたら周りの人に当たって怪我をさせてしまう」といわれて、せっかく運んできた石をみな捨てさせられた。そこでみなから少しずつ分けてもらったが、小指の先程の小石だった。

現場に着いて成るほどと思った。何万という人たちが群がって石柱めがけて投石するのである。途中で失速した石は巡礼たちの頭や肩に落下する。ぼくもそんな小石の洗礼を受けて、結構な痛みを感じた。小石はもっと「小さくなければいけない」と痛感した。

クルディさんに見たイスラームの心象風景

サウジアラビア大使館の二等書記官、バシール・クルディさんに「イスラームの世界」を見たのは一九六七年五月だった。

麻布の小さなマンションのクルディ邸を出て、表参道の焼き肉レストラン「六角亭」に入ったクルディさんは、珍しくぼくのためにビールを注文してくれた。自身はオレンジジュースを頼んだ。

ぼくにビールを注ぎながら「今日は残念なニュースをつたえなければならない」と、クルディさんはいった。「朝日新聞の編集長と本多さんという記者がデジャーニ大使を訪ねてきて、ベドイン（アラブ遊牧民）の取材をしたいと申し入れがあった。大使はこれを快諾して、サウジ政府は全面的に協力することになった」という。

そうか、朝日新聞も同じことを考えていたのだ。でも、こちらは一介の社会部記者、先方は新聞社挙げての大企画、ぼくがやるよりずっといい記事になるに違いない。

それより七年前の一九六一年、ぼくは「インド学術探査隊」を組織して総勢八人、現地参加一人の計九人でマイクロバス二台に分乗して四カ月間、インドを回った。先住民の集落を訪ね、ネール首相に会見し、ダライ・ラマとの会見を企てたが果たせず、〝ヨガの生き神様〟といわれるシバナンダ師にインタビューした。

次のテーマに選んだのが、東西古今の文明に接しながら、あえて伝統的生活にこだわる「アラビアの遊牧民」と「米国のアーミッシュ・ファーム」だった。

後者は年をとってからでも行けるだろう。体力のあるうちにアラビアへ行こう、とぼくは考えた。会社には黙って準備を始めた。当時、アラビア石油の顧問をしていた川崎寅雄さんが夜間の「アラビア語講座」を開いていた。ここに通ってアラビア語を勉強した。

あるとき、大使館のパーティーで出会ったアラブ人外交官に話しかけてみた。すると彼は「あなたのアラビア語はカイロ方言だ。サウジアラビアのアラビア語なら私が教えてあげよう」ということで、週に二日、ぼくはテープレコーダーをかついで彼のもとに通うようになった。それがクルディさんとの出会いだった。

ぼくの企画が難しくなったことを案じたクルディさんは、二人だけでは絶対口にしないビールをぼくに勧めながら、励まそうとしてくれたのだ。なんてやさしい人なんだろう！

「クルディさん、ぼくはこの企画は諦めるけど、あなたとの友人関係は続けていきたい。宜しくお願いします」と、クルディさんの手を握った。クルディさんは落ち込み気味のぼくを代々木上原のモスクに誘ってくれた。パキスタンのライース君やフセイン・カーンさん、イラク人のサマラーイさん、エジプトの留学生セバイさん……ここで多くの友人を得た。みんながクルディさんの持つ同じものを持っていた。ぼくも同じものを持とうと思った。

「あなたを今度のマッカ巡礼の招待者リストにいれたいけど……」と、ある日、クルディさんがいった。ぼくは「是非、お願いします」と答えた。

ムスリムはみな親兄弟

マッカでの巡礼を果たした後、ぼくは第二の聖地マディーナに向かった。案内してくれるのは、あの情報省の役人だ。迎えに来た車には女性が二人、後部座席にひっそりと座っている。真黒な頭巾とベール、それに黒いドレス（アラビア語では「アバヤ」）をまとい、年齢も顔かたちもつかめない。

ヤンブーという港町で昼食をとったが、そのとき初めて同乗者の素顔が見えた。一人はお役人の母親、もう一人はその妹、つまり叔母だといった。マディーナは母親の実家で、ぼくを案内するついでに母親の里帰りを図ったのだ。

ヤンブーからマディーナに向かう途中には「バドルの古戦場」がある。ここは是非訪ねたいと思っていた。

ヒジュラ暦二年（西暦六二四年）、マッカの軍勢が預言者の築いた「ウンマ・イスラミーア」（イスラーム共同体）を襲撃してきた。多勢に無勢、マッカ勢の楽勝と思われた戦いは、預言者の指揮の下、ムスリム勢が大勝した。ウンマ最初の戦いに勝利したマディーナは、マッカとの力関係を一変させる。イスラーム史にとって重要な出来事だった。その舞台を是非見ておきたかった。

ここでもぼくは日本の固定概念を持ち込んでいた。川中島の古戦場、衣川の戦跡、ワーテルローの古戦場、古戦場には当時を偲ばす標識や展示物があるはずだ、という固定概念である。バドルの古戦場には丘陵に石碑が立っているだけで、ほかにはなにも見いだせなかった。ぼくはここで記念写真を撮った。

マディーナでは、ぼくはクルディさんの実家に一泊することになっていた。ご両親ともアラビア語しか話せない。お父さんは早速ぼくを預言者モスクへ案内してくれた。ここには預言者ムハンマドと初代カリフ（ハリーファ）、アブー・バクルが眠っている。お父さんはここで数珠を記念に買ってくれた。

クルディ家の子息はみな独立して家を出てしまい、老夫婦二人だけの穏やかな家庭だった。その二人はまるで息子が帰ってきたかのようにぼくを扱ってくれる。その気遣いが動作や言葉の隅々に表れている。

夜の礼拝に再びモスクに行く。お父さんは会う人ごとにぼくを紹介してくれる。右隣からも、左隣からも握手を求められる。「帰りに家に寄ってお茶を飲んで行ってくれ」と、会う人みんなが誘ってくれる。お父さんに人望があるのか、それともこの地の人たちみんなが親切なのか……おそらく両方なのだろう。なんとなくぼくは茅ヶ崎の実家に帰ったような気分になった。

以来、ぼくはアラブやパキスタンからの友人、とくにサウジアラビアからの友人と親しく付き合うようになった。モスクで知り合った学生さんとは兄弟のように気軽に付き合えた。なかには知人の多い北海道や岡山に案内して、ぼくの友人たちを紹介した。そんな一人に二〇〇九年五月に駐日大使として着任したアブドルアジーズ・トルキスターニ氏がいた。

宗教に恵まれた少年時代

ぼくの母親は熱心な日蓮宗の信徒だった。家の近くの寺に連れて行かれて、うちわ太鼓に合わせて「南無妙法蓮華経」と唱えさせられた。ぼくの二歳年上の兄が疫痢で亡くなったのが入信の動機だった。戦後の混乱期に末娘も疫痢で亡くした。以来、他人を勧誘し、地域の幹部になるほどの熱心な信者になった。中学校は時宗総本山遊行寺が経営する籐嶺学園藤沢中学に入った。敗戦の翌年で、ゲートルを巻き、戦闘帽をかぶって入学式に臨んだ。〝体育系〟の男子校で、朝礼の際、列をはみ出すとビンタがとんできた。

時宗の開祖一遍上人は、「捨てよ、すべてを捨てよ」という説教で有名な坊さんである。「捨てるという心も捨てよ」というくらい徹底した教えだ。そういう無私無欲を説く坊さんが開いたお寺の学校だから、汗して働くことをせずに利を生む金利を禁止するイスラームの教えにはすぐに共鳴できた。

大学はカソリック

大学はイエズス会が経営する上智大学を選んだ。母方の叔父が弁護士目指して上智大学で学んでいた。叔父は頭のいい人だったが、兵隊にとられて、弁護士の望みを断たれた。その叔父の強い勧めもあった。

近所にキリスト教徒がいた。戦争中は隣組の組長として防空演習の先頭に立っていたが、敗戦後、自宅を開放して日曜学校を開き、聖書の読み聞かせや賛美歌の指導、そしてクリスマスには食糧難のなか、自腹でケーキやビスケットを焼いてこどもたちにふるまった。ぼくの頭の中には日蓮さんとイエス様が仲良く同居していた。上智大学受験に抵抗はなかった。

選んだ学科は文学部新聞学科。ぼくは小学校のころから近所の同年輩の友達を集めて「こども新聞」をつくったり、高校でも新聞部に属して記事を書いたり、広告をとったりした。将来、できれば新聞記者になりたいと思っていた。

大学では一学年からキリスト教の「公教要理」が必修科目とされた。ここで一神教について学んだことは、のちにイスラームの門をくぐることに役立った。

「死後も平等」を教えられたマディーナ墓苑

「神のもとではみな平等」というのが、イスラームの最も魅力的な点だが、それが「死後」にも及ぶことを教えてくれた出来事がある。一九七二年三月ごろだったと思う。斉藤積平日本ムスリム協会会長に同行してマッカのあとマディーナに回ったのだ。目的はマディーナ大学留学中に事故死した会長の長男稜児君の墓所詣でと同大学に留学中の遠藤利夫（ヤヒア、現日本ムスリム協会理事）さんを激励することだった。

稜児君は市内のアパートにインドネシア人留学生と一部屋借りて通学していた。二年前、たまたまマディーナを訪ねた斉藤会長は稜児君の部屋に泊まることになり、稜児君を挟んで休んだそうである。深夜、突然、そのアパートが倒壊した。インドネシア留学生と斉藤先生は怪我ですんだが、真ん中に寝ていた稜児君は帰らぬ人となった。「イスラームの道を究める途次で昇天した」稜児君は「殉教者」とされ、マディーナの預言者モスクに近い「殉教者墓苑」に埋葬された。

遠藤さんとともに斉藤先生について墓苑に詣でた。石垣に囲まれた墓苑の木戸をくぐると、なんとそこには予想していた墓石も墓標もなく、小さな石ころが転がっているだけだった。

斉藤先生は墓苑のコーナーから何歩か歩き、別の角から何歩か歩いた後、「確かこの辺りだと思います」といって、周辺をきれいにしたあと、祈りを捧げた。ぼくらも先生にならって前途有為なムスリム青年の死を悼み、来世での至福を祈った。

聞くところによると、名君といわれた第三代ファイサル国王さえ、どこに葬られたか余人にはわからないというではないか。お金をかけて豪華な墓を作ったり、高額なお布施で高位の戒名を受けるようなことをしないイスラームの慣行に、ぼくは「人間みな平等」が徹底していることを改めて知った。

国の先頭に立つ者の報酬は最後でいい

「国の先頭に立つ者の報酬は最後でいい」と、その青年はいった。「なぜ、あなたはイドリス国王が使っていたパレスを使わないのですか?」という質問に対してだ。

ムアッマル・カダフィ中佐(のちに大佐に昇格)が、青年将校団を率いて外遊中のイドリス国王の政権を倒し、実権を握ったのは一九六九年九月一日だった。これだけなら中東政治によくある革命・クーデター事件に過ぎない。一二人の青年将校団で組閣されたカダフィ政権の平均年齢は二四歳、当時としては世界で最も若い政権だったろう。

リビア・カダフィ議長(筆者撮影)

その若い政権が、当時、泣く子も黙る国際石油資本(メジャーズ)の鉄壁を破って、原油公示価格(Posted Price)の引き上げに成功したのだ。革命後三カ月、平均年齢二四歳の政権のどこに、そんな機略があったのか？

ぼくはそれが知りたくて斉藤積平日本ムスリム会長の誘いに乗ってリビア行きを決めた。新聞社には一〇日間の休暇をもらった。言い訳っぽくなるが、ぼくは時間をつくっては金を工面して旅に出ることにしている。金は借りられるけど時間は借りられない。

斉藤会長はカイロに飛んで、そこでナセル大統領の腹心で宗務担当相のトーフィック・アウェイダ氏の紹介でリビアに入る計画を立てていた。ところが、同氏はカダフィとは面識がないという。しかし、カダフィの中学時代の恩師シェイク・スブヒー師がマッカに行っているそうだから、そこに行って相談してはどうか、となった。アウェイダ師の口添えで在カイロ・サウジアラビア大使館でビザをとり、二人でマッカのラービタ（イスラーム世界連盟）を訪ねることになった。こんな芸当ができるのも、ぼくがムスリムだったからだろう。

スブヒー師に会い、カダフィ大佐への紹介状を得てカイロに引き返し、リビア大使館でビザをとってからトリポリ経由のアルジェ行きアルジェリア航空機に乗った。マッカで一緒になったフィリピン上院議員ディマポロ氏も同行した。

トリポリに着いて一週間経ってもカダフィ大佐からの使いはこない。ディマポロ議員が諦めてトリポリを発った。一〇日を経ても連絡がない。日本に帰る斉藤会長をトリポリ空港まで送った時はさすがに淋しかった。

三月のトリポリは陽光もとげとげしくなく、朝夕は海からの風がやさしい。マグレブの礼拝を終えると、人々は町に繰り出してくる。海岸近くにあるホテルから裏通りに出て数分歩くと商店街に出る。街角の標識も店の看板もアラビア語に書き換えられているので、うっかりするととんでもないところに迷い込んでしまう。革命直後のリビアの首都トリポリはイタリアが描いた絵の中にアラブとイスラームの雫《しずく》を次々と落としているような感じだった。

一三日目の夜、一〇時過ぎに突然、「カダフィ大佐があなたに会うといっている」と、ジープが迎えにきた。革命から一年半後の一九七一年四月二三日だった。

向かったのはトリポリ郊外の兵舎である。リビア最高指導者カダフィ大佐のオフィスはそこにあった。数々の質問をして、雑談に移った時、ぼくは何気なく冒頭の質問をしたのだ。

豊かな石油収入で国民にはアパートを建て、道路や水道施設など公共施設の充実に力を入れている。イドリス国王の宮殿は国民に開放して、公民館や文化センターとして使われている。その最高権力者の官邸が長年住み慣れた兵舎なのだ。

学校の教室くらいの広さの執務室には簡易ベッドが置いてあった。「疲れたらここで寝るのだ」といっていた。別れ際に日本人ムスリムに献呈すると自筆でサインしたクルアーンを頂戴した。インタビュー記事は「西側記者初の単独会見」として東京新聞一面トップに掲載された。

革命記念日に招かれる

カダフィ大佐との単独会見は成功したものの、そのころぼくの財布は空っぽだった。帰国後、本社で決済することにして、商社の支店長からお金を借りてきた。「大佐、あなたに会うのに随分時間がかかった。いまぼくは借金してホテル代を工面しているが、次からはもっと早くしてほしい」ということをいうと、「それは申し訳なかった。次は私が招待しよう」といってくれた。

それからおよそ半年、八月中旬になって、突然、トリポリから一通の封書が届いた。中には九月一日の革命記念日の招待状と羽田―トリポリの往復航空券だった。

革命三周年記念式典でぼくは「日本代表」の席に着くことになった。なんとも面はゆいが、仕方がない。アメリカ代表は先住民代表とシカゴに本部を置く「ブラック・ムスリム」の代表、南アからは獄中のマンデラ氏率いるアフリカ統一戦線、英国代表は北アイルランド軍、ベトナムはパリ亡命中の南ベトナム解放戦線（ベトコン）、フィリピンからはミンダナオ解放戦線、タイからはパターニ民族解放戦線といった面々である。北朝鮮からはジャーナリスト二人が参加していた。いずれにせよ、名だたる反欧米諸団体である。

こういう団体の代表に、いながらにして会えるというのは、ジャーナリストにとって、願ってもないチャンスである。ホテル滞在の三日間、ぼくは食事ごとに相手を選んでテーブルにつき、話を聞いた。機関誌を送ってもらう約束もした。

この式典の少し前、東南の隣国スーダンでクーデター未遂事件が起こった。ヌメイリ政権に反対する左派将校団が大統領を監禁し、政権を掌握しようとした。このとき将校団の実質指導者ヌーリ大佐はロンドンにいたが、事態の急変を受けて急遽、帰国することになった。大佐の搭乗機がリビア上空にさしかかったとき、カダフィ大佐はヌーリ搭乗機を強制的に着陸させ、身柄を確保してからヌメイリ解放を要求したのだ。

カダフィの果断な行動でヌメイリ大統領は復権、ヌーリ大佐一派は捕縛された。ぼくはヌメイリ大統領にインタビューしようと考え、命の恩人ともいうべきカダフィ大佐に紹介状を書いてもらった。だが、ハルツームに着くと情報省の担当官が「大統領は南部に出張中でインタビューは難しい」という。

ホテルでテレビを見ていたら、丸坊主のヨーロッパ人が軍事裁判を受けている。事情を調べると被告はドイツ人でラルフ・シュライダーという名前だという。これは面白そうだと、さらに調べると、彼は少年時代にヒットラー・ユーゲントに入り、ドイツ敗戦後はベトナム戦争、ビアフラ戦争に参加した「外人部隊」のプロだということが判った。そして、年齢はぼくと同じだった。凄いのがいるなぁと思った。

ウガンダに拠点を置くキリスト教系反スーダン組織に雇われ、スーダン軍と戦っていたが、突然、ウガンダの独裁者アミン大統領がスーダン側に寝返り、傭兵たちはあっさりスーダン軍につかまってしまったのだ。アミン寝返りの裏にカダフィの買収工作があった、というのは後で聞いた話である。ヌメイリにとって、カダフィは二重の恩人だが、のちに二人は仲違いする。政治家にとっては「友情」よりも「政情」の方が大切なのだろう。

英国の作家フレデリック・フォーサイスの作品に『戦争の犬たち』という傭兵をテーマにした著作がある。ここにシュライダーが登場するが、「臆病者でずる賢い」と描かれている。ずっとのちに朝日新聞記者でアフリカを独自の視点で報道し、ビアフラ戦争でも現地取材した伊藤正孝氏に聞いてみたら「フォーサイスのいう通りですよ。彼は要領がいいだけでした」ということだった。

スーダンのクーデター未遂事件では、もう一つおまけがある。「ヌメイリ監禁」の報をキャッチしたイラクが急遽、祝賀使節団をスーダンに派遣したのだ。当時、イラクの左派軍事政権はアラブで孤立していた。ヌーリ政権誕生を見越して、誼みを通じようとしたのだろう。

ところが、使節団を乗せたソ連製航空機が燃料切れになり、サウジアラビア・ジェッダ空港に緊急着陸を試みたが、セメント工場の煙突を空港管制塔と間違えて、近くの砂漠に不時着したのだ。何人かが死に、何人かが病院に運ばれた。ハルツームのあとジェッダに回ったぼくは、当時、日本大使館に勤めていた鈴木紘司（アハマド、現日本ムスリム協会諮問委員）さんに案内してもらって、破損した機体を見に行った。

最近、そのことを鈴木さんに話したら「そんなことがありましたっけ……?」といっていた。あのころ貧乏記者だったぼくは知り合いの家に泊まることが多かったが、ジェッダの鈴木さんの家にも泊めてもらった。ジェッダを発つという朝、買い物に出かけた鈴木さんが交通事故に巻き込まれ、あわてて奥さんが手配してくれたタクシーで空港に向かった。「それはよく覚えています」と鈴木さんは笑った。

石油も神の所有物

「石油は誰のものか?」という命題を、ぼくは〝オイル・ショック〟以来、持ち続けてきた。「それは人民のものだ」と答えたのは、カダフィ大佐だった。「だからわれわれはメジャーと戦うことができた」と大佐は続けた。

イラン・イスラーム革命から二年目の八一年にイランを訪ねた時、同行の吉川香潮氏のルートで大アヤトラのモンタゼリ師に会うことができた。当時、師はホメイニ師の後継者とされ、絶大な権限をもっていたが、「石油? それは神のものです」といった。「神のもの」をどう使うかを決めるのは「イスラーム法学者」の見解に従う、というのがイランの解釈である。

カダフィ大佐はその後『グリーン・ブック』という独自の直接民主制を説く理論書を著し

（同書の著作中の大佐をシルテのビーチハウスに訪ねたこともある）、この中で資源論を講じている。つまり資源は人民のもので、これを決するのは「人民」であるべきだ、というのだ。

一九七五年、ジェッダの石油省分室でヤマニ（ヤマーニ）石油相と単独会見したときも、ぼくは同じ問いをした。

法律家でもあるヤマニさんは、静かな声で「この世はアッラーが創られた。私たちの命もアッラーのものです。まして石油においてをや」と答えた。

リビアとイランは国際石油会社を国有化し、サウジアラビアやＵＡＥ（アラブ首長国連邦）は「資本参加」という穏やかな手段で最終的には国営化した。

ジャーナリストの仲間たち

アラブやイスラームに対する日本人の関心は一九七三年一〇月の「第四次中東戦争」まではほとんどなかった、といっていい。この戦争でアラブ産油国は石油を武器として使ったとき、初めて日本人は石油の重要性とともにアラブの存在に目を向け、さまざまな動きが出てきた。共同通信社の専務理事を務めた岩永信吉さんが呼びかけ人になって「日本アラブ記者会」ができたのも、その動きの一つだった。

ジャーナリストの立場からアラブと日本の交流を進めよう、という趣旨で、まずはサウジアラビアの記者を招待しようということになった。ぼくは岩永さんが書いた手紙を旧知の情報省新聞局長に郵送した。ところが、なかなか返事がこない。事態はますます悪化して、トイレットペーパーや洗剤が店頭から消えるという噂が広がったりした。

ぼくの勤める新聞社も「新聞用紙が欲しければ重油を都合して」と製紙会社からいわれた、という話も聞いた。日本政府は事態打開のために三木武夫副総理を団長とする「中東使節団」、通称「三木ミッション」を派遣することになった。同行記者団も編成され、新聞、通信、放送各社から第一線の記者が選抜されて参加した。

さて、リヤードのホテルに着くと、受付から「日本のジャーナリストに会いたい、という人がきている」といわれた。一人の精悍な顔つきの男が待っていた。「アル・ジャジーラ新聞のハーリド・マレク」と、男は名乗った。

「日本から招待状が来たが、どうしたらいいかわからない。たまたま日本のジャーナリストが来るときいてやってきた」と彼はいった。

「実はその招待状は私たちが出したものです」と、ぼくは不思議なめぐり合わせにびっくりしながら、事情を三木団長に説明した。

「それは大変結構なことではないか。私が保証するから是非いらっしゃい」と三木さんはその場でアラビア石油リヤード所長だった林昂さんに航空券の立替えを依頼した。

翌年二月、マレク氏は夫人同伴で日本にやってきた。ぼくは東京を案内し、岩永さんが京都を案内した。マレク記者が日本を大きく、かつ好意的に報道してくれたので、以後、外務省がアラブからのジャーナリストを定期的に招くようになった。

実はこれにも後日談がある。二〇一〇年七月、東京で行われた国際ブック・フェアーでサウジアラビアがゲスト国になり、「日本とサウジアラビアのジャーナリズムの現状と課題」というシンポジウムが日本プレスセンターで開催された。ぼくは主催者のサウジアラビア大使館文化部から指名されて報告者の一人になったが、サウジから参加するパネリストがなんとマレク氏だったのだ。ぼくらは往時をしのびつつ旧交を温めあった。

骨っぽいサウジ・ジャーナリスト

サウジ・ジャーナリストでぼくの敬愛する編集者をもう一人紹介したい。アル・リヤード紙編集長トルキ・スデイリ氏だ。外務省招待ジャーナリストの第一陣の一人として来日した。

当時、ぼくの住まいは1LDKの公団住宅でまことに狭かったが、彼は喜んで訪ねてきてくれた。緑茶をだすと「苦すぎる。砂糖を入れてくれ」と家人を慌てさせた。

その翌年、ぼくがリヤードを訪ねると、彼は「君は私に家族を紹介してくれた。今度は君に私の娘を紹介したい」と、ホテルのロビーで待つようにいって、学校に娘さんを迎えにいった。

小学校五年生くらいのお嬢さんで、恥ずかしがる彼女をぼくの横に座らせ、彼自らが写真を撮ってくれた。

その後、ぼくは通産省企画室とエネルギー関係企業の協力を得て「イスラム経済研究会」を設け、実地検証と称してアラブ各地を回ったが、リヤードではスデイリ氏が協力してくれた。自宅での歓迎晩餐会では子羊を一頭調理してくれたこともあった。

このスデイリ編集長、その名の通りスデイリ部族の一員で、ファハド国王（当時）とは遠縁に当たる。にもかかわらず、ある記事が当局の忌避に触れ、警察に拘置されたことがある。

二〇〇〇年一二月、サウジアラビア・ジャーナリスト協会で理事長選挙が行われた。二〇〇余票を獲得して新理事長に選ばれたのはスデイリ氏だった。二票差で次点となったのがマレク氏で、氏は副理事長に就任した。ぼくのよく知るサウジ・ジャーナリスト二人が奇しくもジャーナリスト協会の正副理事長という重要ポストに就いたのである。

スデイリ氏宅でイスラム経済研究会の記念撮影
（中央列左端がスデイリ氏、１人おいて筆者）

わが兄弟M・サラフッディーン氏

「最首君、君に紹介したいサウジ人のジャーナリストがいる」と、あるときサウジアラビア駐在大使、田村秀治さんから紹介されたのが、当時、アル・マディーナ紙副編集長だったモハンマド・サラフッディーン氏だ。ぼくと同年で四カ月ほどぼくが早く生まれている。

彼は一カ月一編の日本レポートを英語で送稿するようぼくに依頼し、アル・マディーナ新聞のロゴ入りのアラビア語名詞を作ってくれた。そのサラフッディーン氏だが、彼はヤマニ石油相の信任が厚く、彼の紹介で何度かヤマニ氏との単独インタビューをすることができた。

日本経済界が湾岸産油国に経済使節団を派遣することになったが、どうしてもサウジアラビアのビザがとれない、ということで当時、日経連の総理事だった今里広記氏から呼ばれた。以前から今里氏とは付き合いがあり、前記マレク記者夫妻が来日した際も自宅に招いてもらっていた。

「君のルートでなんとかならんかね」というのが、今里氏がぼくを呼んだ理由だった。早速サラフッディーン氏に

サウジ元石油相ヤマニ氏のインタビュー

相談した。すると「全員にビザを出すことになった」という連絡が入った。一行は永野重雄氏（日本商工会議所会頭）を団長に、中山素平（日本興業銀行会長）、今里広記、小山五郎（三井銀行会長）、密田博孝（大協石油社長）といった財界の重鎮に加えて新聞、放送、財界誌の記者総勢五〇余人である。

「外交ルートでも出ないビザが出るわけはない」と、今里氏を除いて誰も信用してくれない。ぼくの話がほんとうかどうか確かめようと、サウジアラビア駐在大使を退官されたばかりの田村秀治氏がサウジ入りして確認する羽目になった。

サラフッディーン氏はナウワーフ殿下にこの話を上げたらしい。殿下はファイサル国王時代、国王最高顧問をされ、国王とともに訪日されている。永野ミッションは殿下のゲストとして受け入れられ、主要王族、閣僚との会見、ヤマニ石油相主催晩餐会などが実現し、なおかつ一行の宿泊費、国内の移動費、そして記者団が送稿のために使った電話代まで殿下が負担された。

翌年、永野団長らの計らいでナウワーフ殿下とサラフッディーン氏ら五人が賓客として来日され、殿下には昭和天皇陛下との謁見のほか日本大学名誉法学博士号が贈られた。ぼくはこのことが評価されて第一回石油文化賞の受賞者となった。これもひとえにムスリム兄弟愛のお陰と感謝している。

Ⅱ　日本人ムスリムの軌跡

信仰と信念に生きる——林昂（オマル）

水谷周（アミーン）

林昂近影（東京の自宅にて）

肖像画を描くのは生きたモデルのほうがよほど自然だろうが、文章で書くとなると相当事情は異なる。急に過去の人のことを書くほうが容易に感じられ、生きた人を前にすると筆は遅くなりがちである。そんな躊躇を克服するために、前日本ムスリム協会最高顧問である林昂の人生を語るにあたり、本稿ではその諸活動とそれを貫くと見られる信念、そしてなかんずく信仰心に主として焦点を絞ることとしたい。学問も行動も重視したバランス感覚はイスラームの基本であるが、人の心の機微もよく解する感性は、接する人に天賦のひらめきを感じさせる。

1 成長

林昂は一九一六（大正五）年、東京に生まれた（本籍は新潟）。時はいまだ第一次大戦の最中であった。日本は日露戦争の勝利の雰囲気から抜け切らず、中東ではオスマーン帝国の支配が続いていたが、他方アラブの独立をめざす反乱が各地で巻き起こりはじめた年でもあった。

林は幼少の頃、寝つく前に毎夜母親から読み聞かされた話が、千夜一夜物語であったという。祖父は一八七一年の廃藩置県後、溝口藩主に学問を講じていたこともあって、村の長となった。父も公務員となった。そのような家庭環境の中で、林の関心は日夜、軍歌の流れる当時の日本の軍事的躍進の話ではなく、母親から寝物語に聞かされたアラビアの千夜一夜物語であったというのである。脳裏の深いところに刻み込まれたアラブ・イスラームへの潜在意識は、やがて抜きがたい関心の原点を植えつけていたのであった。

これほどに中東との関係が予定付けられるケースは、今でもそう多くないはずである。長じて二一歳、官費でエジプトへ留学の機会を与えられた。カイロ大学文学部では、それこそ魚が水を得たように、すべてを吸収しようとする日々を過ごすのであった。その間に、友人の父親（医学部教授）の手で割礼を済ませ、イスラームに入信することにもなった。植民地主義の現実を現地で目にして感じるところがあったのも、一つの誘引であったとされる。「彼らにも十分食べさせてあげたい」と思ったという。入信にあたり何か深刻な精神的葛藤があったというよりは、心の成長の過程を自然に受け入れていった結果といえようか。

当時を振り返り、林は次のように語る。

「太平洋戦争前でしたが、カイロ大学の内外の日常生活で違和感を全然持たなかった。違うものと言えば、自然環境、それは確かに厳しい。しかし、住む人々は、都市、農村を問わず親切で明るい、むしろお人好しですらあった。しかし、己の主義、主張は極めて明白、画然としており、納得がいかない限り譲ることはありませんでした。イスラームの教えが日常生活のすべてに染み込んでいるからだと思いました。日本は緑が豊かで山河草木、柔らかな光に包まれており、人々は性、温和です。加えて儒教、仏教、キリスト教、イスラーム教など、外来文化との融合もあり、自ずと友愛、信義、礼節を重んじる精神が培われたのでしょう。」(1)

こうして所期の成果を収めて帰国した林がまず情熱を燃やしたのは、国内で初の学習用アラビア語日本語辞書の編纂であった。当時、すでに大阪外国語学校教授並びに京都大学文学部講師に就任していた。辞書編纂に対しては、政府の助成金も出ていたが、そのあたりの事情はやはり林自身の言葉で語ってもらおう。

「文字通り刻苦、寸暇を惜しんで、日曜、祭日もなく研究室に閉じこもり、集めた単語、成句類の語数は五万、これを学生の助力も得て（後日ヨガで名をなした沖正弘君もその中の一人）、五万枚のカードに書き込み、段ボール箱詰めにして研究室に保管したのですが、次にこの原稿を活版印刷に付すため、まず日本にないアラビア語の字母から彫刻しなければならない。しかしこの作業をする技工がいない。ようやく東京に一人いることがわかり、来阪してもらい、この彫金士に初歩からアラビア文字の特異な画のつながり、組み合わせを説明。数週間後、ようやく真鋳版に彫金の字母が完成。あとはこの型に鉛を流し込みさえすれば、活字ができる段階にまで到達、これを箱詰めにして錠前も堅牢な学校内の倉庫に保管、まずは一安心しました。

以上で出版の下準備が万端整ったので、横山俊平校長の了承を得て印刷・出版に必要な助成金を受けるため、超満員の夜行列車で上京。途中、何の説明もないまま突然の消灯、度重なる停車に乗客一同何か不安を覚えながら、翌朝ようやく東京駅着。途端、鼻をつくきな臭さ、急ぎ外務省へ直行、お世話になっている欧亜局の太田三郎課長に会うと、いきなり心配げに、『外語はどこ？』天王寺区上本町と答える間もなく、机上の地図を一瞥、『あっ！　やられている』と悲痛な声。これまでのすべて、一切が無になった瞬間でした。一九四五年三月一三日の阪神大空襲は、私の公私にわたる人生行路に大きな転機をもたらした直接の原因となりました。」

林は同年に同郷新潟の大谷君子と結婚、君子は筆舌に尽くしがたい食糧事情のなか、辞書編纂を手伝う有志の学生達を自宅でもてなしたり、出産、育児等もあり、内助の功は絶大であった。そしてある日、京都大学の講義を終えて帰る大阪駅のプラットホームで突然、声をかけてきた金子恒治（元三菱商事バクダード支店長）との出会いから、夢にも見なかったビジネスの世界へ入ることになった。これ以降の展開は次に譲るが、文字通り汗の結晶の成功物語の連続であった。先取りするようだが、それを見てまず思い起こすのは、作家山崎豊子の『不毛地帯』であろう。それは伊藤忠商事の故瀬島龍三氏をモデルにしたとされているが、舞台こそ異なれ、どこか映像が重なり合う。

そして特筆しておきたいことは、林の人生を通じているのは、この物語性という側面である。フランス語の慣用句として日本でも知られるようになったもので、デジャビュ（déjà-vu）というのがある。すでに以前にどこかで見た映像を、またもう一度眼前にしているような現象を指してそのように言う。林の通過することとなるさまざまな状況と場面は、すでに彼の脳裏には早くより描かれていた類のものであるとも想像され、それほどに一本の糸で繋がれ貫かれていると見受けられるのである。そしてこの物語性の源泉は幼い頃に母親から聞かされていた、千夜一夜物語ではなかったのかと思われてくるのである。そうであるとすれば、千夜一夜物語が彼の生涯を通じての羅針盤となったとも言える。これは世の人心が荒んできたと言われる現代日本社会を考える時に、相当の重みを持つ話である。人は結局、自分の脳裏に浮かぶ航路を自ら描いて、それにしたがって航海する一隻の船のようでもあると言えようか。

2 活動

（ア）戦中・戦後の食糧難に耐えかね学界を離れ最初に入社したのは、大阪駅で会った金子が常務をしている、マッカーサー指令による財閥解体後の三菱商事系の東光商事であった。ここでビジネスの一から鍛えられたが、一九五四年には復活した三菱商事の中東アフリカ担当課長、業務部部長代理となり、クウェート、サウジアラビア首脳と折衝して業界刮目の実績を次々とあげた。この頃、海外の石油利権を狙っていた山下太郎が満州時代から誼のあった三菱商事の高垣勝次郎社長を再三訪ね、林の転籍を懇請したが同意を得られず、結局、林は身柄をそのままに、山下（のちの初代アラビア石油社長）の石油交渉に従事、サウジアラビア、クウェート中立地帯の沖合にあるアラビア湾大陸棚海底油田の利権交渉に携わり、五七年一二月にサウジアラビア政府、五八年七月にクウェート政府との利権協定調印にこぎつけた。事業の展開に伴い、その後も山下社長出張のつど参加していたが、六五年正月、山下が自宅療養に入るに及んで病床での懇願を断り切れず、翌月アラビア石油の株主総会、取締役会を経て役員として正式入社した。以下、その間の三菱商事時代の数々の実績を紹介する。

●林は住み慣れたカイロに留学以来初めて戻り、ナイル川の水をそのまま飲むことによるビルハルツ（住血吸虫病）に苦しむ住民が多いことを改めて知り、まず給水システム改善のためカイロ水道局その他関係官庁と協議の末、鋳鉄管を導入することになったが、これには未知のことに非常に不安をいだく役員一同を説得した久保田鉄工所（現クボタ）久保田権四郎社長の英断があり、それが農機具その他の分野の進出にもつながった。

●エジプトの重要な産業の一つは砂糖製造業である。上エジプトに日本の砂糖工場を設立することに成功し、そのための八五〇〇万ドルの投資プロジェクトが順調にスタートした。

●スーダンでは学童が炎天下、はだしで通学する姿を見て、キャンバス・シューズの採用を同地の豪商オスマーン・サーリハと共に当局と話し合い、五〇〇〇万足の導入を決めた。これには九州の日華ゴム社長の英断があった。

●サウジアラビアでは日本として最初の軍服の輸出契約をしたが、当時は現在と違い繊維製品は日本の重要な輸出品であった。

●一番大きな事案に触れる。五七年、クウェートから王族・豪商の訪日が続いた。当時、産油国は自国の石油を自国のタンカーで輸送する計画をもっていた。そして林は来日の有力王族を横浜の東日本重工業へ案内したところ、機械に取り組む工員の真摯な姿、機械・工具類の整頓された配備、床の清潔さ等々に感心、これが契機となって第一船の発注があったが、同社の船台が満杯のため系列の佐世保船舶工業に発注された。同時に異例なことに船価の全額三二億円が送金され、当時政府のタイト・マネー・ポリシーにより資金繰りに苦しんでいた同社を感激させた。佐世保船舶工業へはその後も発注が続き、八一年までにタンカー九隻が建造された。

●次いで日本は神武景気が軌道に乗り、資金需要は盛んであったが、その供給は追いつかなかった。日本へのオイル・マネーはクウェート自身の経済開発、工業化に役立つとの考えから、五八年、金融投資として五〇〇〇万ドルが三菱銀行、ついで富士銀行に対して送金された。さらに翌年には、両行にそれぞれ二〇〇〇万英ポンドが融資された。

以上の諸事例を通じて、強く印象付けられるのは、豊富な人脈と、言葉に対する繊細な感覚、人の気持ちに対する細やかな配慮である。彼は言う。

「要人の発言が西欧のメディアを通じ、その翻訳が入ってくる場合、眼光紙背に徹する心構えを持って読む必要がある。要人は政治、経済、軍事、宗教、いろいろな要因の絡む中東の世界を超え、地球規模の視点から、一字一句の言い回しにも細心の注意を払いながら、ものを言っているのである。従って本心がどこにあるのか、それを原文で探り、一方、その訳文を流すマスメディアの思想傾向なども考慮するわけである。それはわが国の今日おかれている国際的な立場に鑑み、可能な限りの偏向を避け、問題に即して公正な判断をするためでもある。」(2)

以上のような言語感覚の育った原因は、自らは「過去、常に複数の言語社会に生きてきた経験から来る一種の条件反射であったのかもしれない」としている。それはそうだとするとしても、やはりさらには同人の持つ基本的な言語感覚および対人関係における繊細な既与の感受性を彷彿とさせるのである。そしてそれはビジネス界に限らず、接する人々誰しもが強い印象として持つ、林の丁重で紳士的な映像と重なっていると言えよう。それが筆者をはじめ、大半の人が率直に語るところである。

林が対人関係で見せる独特の感覚の更なる一例として、次のことを追記しておきたい。それはこれほどの規模の商談を矢継ぎ早に成立させておきながら、根っこは常に人の気持ちを最優先に事態を把握していると見られることである。クウェートのタンカー船発注に関しては、その船の完成を前に検分したイギリスの有名なコンサルタント会社の評価は、これほどまでに見事な船に出会ったことはない、と称賛したそうである。それについての林のコメントはビジネスの成功を喜ぶよりは、まずサバーハ首長家、指導者層、そして一般国民の日本に寄せる信頼と親近の情に応えることができたことを最も幸いとするのである。つまり人の心の動きを感覚的にも最優先し、かつそれを鋭く掌握する感性を持ち合わせているということである。(3)

（イ）　次の段階は、アラビア石油（株）顧問として移籍してからの時代である。一九六四年には同社専務取締役、同時に在サウジアラビア駐在代表として八一年まで、一七年間在籍することとなった。

以下は再び日サ、日ク交流の黎明期の重要な諸段階のほとんどすべてに、例えば経団連、商工会議所会頭、銀行頭取等の国王（皇太子）表敬、諸大臣との会談、また七一年五月に実現し

幾度となく行われた巨頭会談も大詰めにきた1957年12月初旬、リヤードのナーセリイヤ宮殿にて、中央がサウド国王、右がアブドゥッラー・タリーキ石油・鉱物資源大臣、左から2人目が山下太郎初代アラビア石油社長、左側に林昂

一九七三年一二月のオイルショック時、王族、石油、企画、財政各大臣ほか要人多数を招いてリヤードの林邸で行われた晩餐会のあと、三木武夫特使（当時国務大臣）より贈られた署名入り色紙

たファイサル国王の訪日当時、筆者自身も外務省に入ったばかりで羽田空港に出迎え要員の一人として加わったが、林昂の名は諸行事の随所に色濃く刻まれていたことを思い出すのである。後述のハーリド国王、ファハド国王、そして現在のアブドゥッラー国王とは、それぞれ王子、皇太子の頃より、宗教的行事、競馬、イスラーム諸国、欧米の王族、要人来訪時の王宮晩餐会等で面識を得てきており、わが国要人の場合は、表立っては通訳の機会が多かったにしても、その実は、数多い下部機構、横断的組織への事前の根回し、落とし所をつめる工作などの労をとっていたのである。その労をねぎらってそれぞれの機会に賜った、ファイサル国王、ハーリド国王の御名と、王家の家紋入り金時計は林の生涯の宝となっている。

●五八年、アラビア石油設立にいたる、サウジアラビアおよびクウェートにおける石油利権獲得の顛末は、歴史に残る展開を示した。前の五七年、三菱商事社長に対するアラビア石油の前身、日本輸出石油株式会社からの林の移籍人事要請は直ちに三菱側として同意できなかったが、資源としての重要性に鑑み、現地での交渉については林の参画を認めるということになり、山下太郎初代社長と共に五七年七月、まずサウジアラビア、次いでクウェートへ赴くこととなった。それは西欧各社との熾烈な競争の中で行われ、とくにクウェートはまだイギリスの保護国であり、対外折衝の権限は英国の手中にあった。その障害を乗り越えて利権獲得に成功したのであった。そのクウェートの空港に出迎えたのは、数年前、東京で面倒を見

ていたファハド・サーリム・サバーハ殿下の手配による車であったという。(4)

●そのような日々の中、リヤードのホテルから東京へ至急電報を打つべく深夜車を待っていると、その場を通りかかって乗せてくれたのが、サッタームＥ子であった。彼はアメリカ留学前の勉強に疲れ、気散じのためドライブをしていたのであった。同王子はその後、リヤード州副知事となったが、七一年、日本からは岸信介元総理の非公式サウジ訪問があり、林の自宅での歓迎の宴にサッターム殿下も顔を出してくれた。陪席者にはシャハダール石油次官代理（協定による政府代表のアラビア石油取締役）がおり、同行の安倍晋太郎議員などへの顔繋ぎともなったのであった。

●時代は飛んで一九七三年、オイルショックの最中に移る。日本政府はヤマニ（ヤマーニ）石油・鉱物資源大臣の所在をつかめず苦慮していた。当局の意向をくんだ林は、東奔西走の同大臣と欧州の一角で会い、わが政府の意を伝え、一足先に帰国したが、その際に頼まれたものは、やんごとなきお方へ贈る、アラブの魂を表す黄金の太刀と、氏の大好物であるピスターチオ入りの麻袋であった。(5)

●七三年一二月、リヤードへ来訪の三木武夫特使に対し、ファハド内務大臣（のちの国王）の最初の言葉「三木さん、心配なさらないでください。日本は友好国であり、兄弟国ですから」。その時の三木特使の感激、深々と頭を下げた安堵の面持ちは印象的であった。

●一九八一年六月、アラビア石油から富士石油副社長に就任して間もなく、林は袖ヶ浦製油所の技術陣が人格、識見共に優れた技能の持ち主であることを再認識した。そこで新任の挨拶かたがた、リヤードでヤマニ石油・鉱物資源大臣、ターヘル・ペトロミン総裁と会った時、「サウジでは石油精油関係技術者の養成が急務であることを熟知しているが故に、あえて申し上げたいのは、わが製油所が貴要望に十分応えうる能力を持っているということです」と伝えたところ、大臣、総裁共に「それは願ってもない幸い、費用は全額、ペトロミンが負担するから」とのことで結局、下記の要領で日サ初の研修が実施された。――研修期間：一九八二年一〇月－八四年一一月（この間、一カ月の帰国休暇）。研修分類：回転機器六名、配管塔槽六名、電気機器六名、計装機器六名。訓練内容：わが国内各所の製油所において、将来サウジのメンテナンス要員の中核となりうる技術者の養成を目的として四段階の研修（①英国における英語と基礎科学の研修、②基礎技能研修、③機器メーカーにおける実践的研修、④製油所における総括実技研修）――帰国後、彼らは国内各地の製油所に配置され、日本での研修目的は十分に果たされたと当局に好評であった。しかし研修生の間では諸物価が欧米に比べ高すぎるとの評であった。

このような事例はおそらくほとんどきりがないのであろう。しかし以上で十分明らかになったと思われるのは、林が自然のように形成してきている人の輪というものである。これは誰しも配慮することではあるが、他方アラブ人との付き合いのうえでは、最も重要で強力な武器であることを彼は熟知していたということでもある。しかしいわば作戦的な手段としてだけそれを考えるのであれば、それはそう長続きしないし、衣の下から鎧が見えるような類を見破るのは直観力の発達したアラブ人にはわけのない話である。林は心から友情、誠実そして信頼こそが対人関係の基礎をなすものであり、またそのような心のあり方こそイスラーム信仰の真髄であるとの信念を堅持していた。

3 その信仰と信念

以上に見た諸活動については、すでに林はいくつかの論考などで明らかにしてきている。しかしこれから扱う「信仰と信念」に関しては、筆者が林個人から直接聴取したものにもとづいており、他では全く記されていないことを初めに明記しておきたい。

（ア）入信　日本政府から留学の地、カイロへ赴くために渡された切符は、日本郵船の一万トン級豪華客船、白山丸のものであった。一九四〇年代の寄港地であった上海、シンガポール、アデンなどの街頭で林が見かけた現実は、植民地主義の理念と現実のあまりにはなはだしい乖離であった。それは青年時代に特有の義憤と悩みをもたらしたのであった。

このような悩みを断ち切ることができたのは、カイロ大学の学友の招きで夏休みをナイル川下流の彼の農場で過ごした時のことであった。広大な畑の彼方で、時間になればマッカの方向に向かって、今あることに感謝し、ひたすらに祈る農夫の姿に胸を打たれたのであった。それは、あれこれと言うことなく、一つのことに打ち込むようにと、林を諭しているようにも映ったのであった。

幸いにも大学の友達の父親が医学部教授であり、彼によってカイロ市内の大きなカスル・アルアイニ病院で割礼を受けることができた。このように友人たちとの交友を通じて、入信の機会に巡り合うこととなったのであった。

そしてアラブのホスピタリティについては、古来より詩歌に歌われてきたが、その根源は優しさと思いやる心にあるということも悟らされたのであった。

（イ）ビジネスと信仰　その後も林は、仕事であるビジネスと信仰世界の矛盾といった問題に直面することもなく、ひたすら天与の職務に没頭するのであった。その過程を通じて、信仰心の実際の躍動を林は次のように語る。

「私の場合、商談を重ねるうちに、何かしら、打ち解けた雰囲気が醸し出され、率直な意見交換が行われるようになり、太平洋戦争前後を通じ、わが国初の大形案件成約の端緒になりました。」

つまり現実の取引の中において、その信仰が自然と生きて、それに感謝する気持ちがさらに信仰に向かわせたという状況であったと見られる。彼が挙げるそのような商談と成約の実例を多少繰り返しも含めて列挙しておきたい。そこにおける林の「打ち解けた雰囲気」について、想像をたくましくするためである。

●エジプト政府向けとして、水道用鋳鉄管やカイロ市内、および近郊の行楽地であるヘルワーン行きの電車車両の供給。

●スーダン文部省納入のキャンバス・シューズ五〇〇万足。

●クウェート、サウジアラビアからのわが国金融界への初のオイル・マネー導入。

●クウェート・オイル・タンカー会社設立の端緒となった、マンモス・タンカーの継続的受注。

●ヤマニ石油・鉱物資源大臣やターヘル・ペトロミン総裁といったサウジアラビア要人に日本企業をいくつも紹介し、新規事業を開拓。例えば一九六二年、天然ガス利用調査計画に対し、日本の千代田化工建設を、また一九六四年、サウジアラビア・クウェート国境画定のための測量計画に対し、わが国にパシフィック航業ありと紹介した。これらは、一九七二年一月、ジェッダおよびリヤード製油所工事の受注につながった。そればかりでなく、日本の政財界の重鎮、企業のトップ等をサウジアラビア、クウェートの要人に紹介する労をいとわなかった。

（ウ）日本の現状に思う　林が現在の日本社会のあり方に関して、一番憂えるのは、心の荒廃ということである。そして行き着く先が、現代史に明らかなように、「大義の利己的な解釈」による悲劇ではないのかということである。こういったことを繰り返さないために必要だとして強調するのは、自制心である。

また彼が多数の取引を通じて現実問題として実感させられたのは、誠実さの基本的重要性ということである。日本から納入された製品に対し、問題が起こっても対応が迅速であり、誠意に満ちていると評価されたことが、彼の誇りであり、次世代に引き継ぎたいと願うところでもある。

林の数々の業績やその実直で懇篤な人当たりについての定評も看過できないものがある。そしてそのような高い定評にもかかわらず、彼の口をついて出る言葉は、「アスタグフィル・アッラー」というアッラーに対するお許しを請う決まり文句である。自らを戒め、どこまで行ってもよりいっそうの高みを忘れず、ひたすら誠実に歩みたい、そしてそのための信仰であるという気持ちが、そう言わせていると思われる。それはまた、信仰とは言葉と行為の双方が求められるとする、イスラームの基本も踏まえたものと理解されるのである。

注(1) 林直筆の覚書で、未刊行の筆稿から引用した。なお商談など林の対談は、「アラブとの七十年――利己を越えて普遍なるものへ」『サウジアラビアと日本――その素顔と絆』二〇一〇年、サウジアラビ

ア大使館文化部、一三－四七ページ参照。
(2) 林昂「サウジ石油局長とスエズ動乱」雑誌『アラブ』九三番、二〇〇〇年、一五ページ。
(3) 林昂「サバーハ首長家が日本に寄せた信頼」雑誌『アラブ』一一六番、二〇〇六年、一三－一四ページ。
(4) 林昂「運転手はプリンス！ 不思議な巡り合わせ」雑誌『アラブ』一二一番、二〇〇七年、二八－二九ページ。
(5) 林昂「『真の国富はマネーにも天然資源にもあらず』」雑誌『アラブ』一一八番、二〇〇六年、二四－二五ページ。

萱葺《かやぶき》信正（モハメッド・イブラーヒーム）物語

片山廣（サッディーク）

私が千代田化工建設のサウジアラビア・ジェッタ現地法人に勤務していたある日、「東京のかやぶきさんから電話です」と言われて受話器をとると、「俺が死んだら片腕をマッカに埋めてくれ」と言って電話が切れた。

1973年、三菱商事時代の萱葺

その言葉が頭から離れないでいた数日後、萱葺先輩はアッラーに天国へ召された。一九八二年一一月七日のことである。享年六五歳であった。私は現地勤務中なので、告別式に出ることができなかった。あの時のやりきれない思いが、二八年経った今も脳裏にあって離れない。

二〇一〇年の今、萱葺先輩が存命なら九三歳である。私が七三歳の今、彼が戦前・戦中・戦後を通して日本国のため、またイスラーム諸国の真の独立のために尽くされた姿に思いを馳せる時、万感胸に迫るのを禁じえない。アラブ諸国、とくにエジプト、ヨルダン、イラク、サウジアラビア、湾岸諸国での滞在中は、常に萱葺先輩を頼り、教えを請うてきた。今日見られるような日本とアラブ諸国との活発な交流は、多くの日本人アラビストを育てるとともに、日本と中東諸国との経済・貿易関係の発展や文化交流の促進のためにと気張って生きた偉大な日本人ムスリム、モハメッド・イブラーヒーム萱葺の存在なくしては語れない。

彼が築いた親善交流の礎はあまりにも大きく磐石である。モハメッド・イブラーヒームこと萱葺信正氏の事跡を回想し、尊敬の想いを深くしている。

私は、彼が千代田化工建設（株）サウジアラビア現地法人の取締役社長として赴任した四年間、部下として苦楽を共にし、ご指導を賜った。また彼は、アズハル大学の先輩でもある。並々ならぬご縁と、つくづく思っている。

私は、一九六二年から一九八二年の間に萱葺先輩から学んだことは、「信仰は学問の実践であり、行為がすべてである」。ひたすらそう信じて信念に忠実に生きた萱葺先輩の話を再現し、そのままお伝えすることにした。これは、二八年前に萱葺先輩が語った物語である。

萱葺は、私に彼自身の人生の事跡を語りはじめた……

一九三七（昭和一二）年、郡正三氏を中心とするマッカ巡礼団が派遣された。その中に私の畏友、植原愛尊がいた。植原は徳島県出身の秀才で、共産主義者だったため日本を追われて、当時は旧満州に潜んでいた。彼は、マッカ巡礼に旅立ったものの、何らかの事情で巡礼を果たしえず、失意のまま帰国の途次、紅海の出口バーブェル・マンデブ（涙の瀬戸）海峡で深夜投身し、不帰の人となった。

1941年、アズハル大学入学時の萱葺

植原の急死に深い衝撃を受けた私は、当時弱冠二〇歳であったが、何としても彼の未完の遺志を継ごうと固く決心した。

翌昭和一三年初春、上京して要路を歴訪した私は、国会議員若林半氏の推薦により、図らずもムスリム留学生として年上の後藤信厳さんと二人でアズハル大学に遊学することになった。

同年の秋には、東京・代々木のイスラーム寺院で、当時のイマーム・イブラーヒーム翁より入信の儀式を受け、ムスリム名、モハメッド・イブラーヒームとしてカイロへ向かった。

それ以来、中東とイスラームこそ私の終生の事業となった。それはまぎれもなく「神」アッラーの導きによるものとしか言いようがない。

1　知識を求めて

アズハル大学の生活へ

一カ月の船旅を終えて到着したカイロは、東洋、西洋いずれにも属さない異種の文化の中心地である。アズハル大学の中心は、建立一千年を誇る中世の有名モスク、イスラーム教の礼拝堂だった。ただ驚嘆するばかりだ。大学のあるアズハル地区は、まさに中世に栄えたサラセン帝国時代の街並みである。私は、ムスリム生活の実習とアラビア語の習得のため、小林哲夫、後藤両先輩の指導で寮生活を始めることにした。二人の先輩を通して、次々と各国の友人たちとの交流が始まった。当時のアズハル大学には約一万名の学生が在籍し、そのうち一千名は外国人留学生で、世界中のイスラーム諸国から留学していた。

マッカ巡礼に向かう

さて、留学して一年目の三九（昭和一四）年末に、小林、後藤両氏と共にマッカ巡礼をした。

これは留学中のまさに画期的な一大事業であった。スエズ港から巡礼船に乗って、翌朝ジェッダ港で巡礼衣に着替えて上陸した。

当時のジェッダは、アラビア半島唯一の開港場で、商店が軒をつらね、殷賑《いんしん》を極めていた。それは今にして思えばバザー周辺で、格子窓の入った石造りの家々の軒並みが印象に残っている。巡礼業者の案内で、一泊の後、ガタガタのバスでマッカに向かった。今日のような道路はもとよりなく、砂漠の中を幾台ものバスが盛んに砂塵を舞い上げながら進行する。

いよいよマッカ到着。巡礼宿で小休止した後、直ちにカアバ神殿に参拝する。礼拝の後、先達の案内で一行はカアバ神殿を巡走し、先達の口述にしたがって、大音声で讃歌を奉誦するが、炎天の熱気とほとばしる流汗で、終わりには目が霞んできた。

カアバ神殿七巡の直後、黒石を奉拝するため、カアバ神殿の一隅に詰めかけるが、そのとき熱狂した巡礼は夢中になって押し寄せてくる。

サウジアラビア人の兵士が二〜三名、鞭をふるって整理しているが、皆力ずくで押し合い、へし合いの末、ようやく黒石に到着し、奉拝する。

それからザムザムの聖水を受け、次いでマルワ、サルワの二丘巡走に入ったが、時すでに夕暮れで、薄暗い電灯の中を白衣の巡礼群が唸り声をあげながら巡走するのは、まさに偉観だ。熱気の中に巻き込まれて、両わきの教徒としっかり腕を組んで、夢中になって讃歌を斉唱した。

サウジ建国の父アブドルアジーズ大王

私たちの巡走の途中で、アブドルアジーズ大王が巡礼されるとの報が入り、路傍に一行を避けた。

龕灯《がんとう》を頭上に捧げた兵士が二列になって並走する中を、ロールスロイスのオープンカーに座乗された白衣の国王を目のあたりに拝顔したのは、もはやこの世のことではなく、おとぎばなしの世界であった。

国王のかたわらの老巡礼は、高名なイギリス人ムスリム、サー・ジョン・フィルビー博士だ。フィルビー博士は印度総督府から特派され、アラビア半島を視察し、アブドルアジーズ大王の謦咳《けいがい》に接して、この人こそアラビア半島の王たるべき人と定めた。

王はついに半島を制覇して、一九二七（昭和二）年イギリスの承認を取りつけ、一九三二（昭和七）年に独立国、サウジアラビア王国を建立した功績者である。したがってアラビアのロレンスが誘導し、「砂漠の反乱」を起こしたハーシム家とは、一九二四（大正一三）年ジェッダでの降伏まで敵対していた。当時のハーシム家のフセイン王の次男、アブドラ殿下は、現フセイン・ヨルダン国王の祖父で、ヨルダン王国を建立した人である。

巡礼宿の厚遇と、先輩たちの親切な指導により、ようやく一カ月に及ぶ巡礼を完拝した。何十万という白衣の巡礼が定められた行事を競って励行する姿は、偉観であるとともに神々しいものだ。

アブドルアジーズ国王に謁見

世界中の数億のムスリムが、唯一の神、アッラーの啓示を斉唱し、日々マッカに祈願を捧げる現実は、私たちがこれをどう理解し、どうすれば互いの信頼を確立できるか、日本の「国際化」の最重要課題である。

私たちは単に学習による理解ではなく、世界のムスリムと行を共にすることにより、実感としてイスラームとムスリムの理解を深めようと企図した。

巡礼のさらに大きなエポックは、時の大蔵大臣スレーマン氏の肝入りで国王陛下に拝謁できたことである。

新しい宿舎に移動

さて、マッカ巡礼から帰校した私は、親友のパキスタン人学生の好意で、彼の帰国後の部屋を提供されることになった。

アズハル寺院の中だけに、参詣の学生たちが毎日、何人も来訪する。そのたびに甘い紅茶を出すのが礼儀なので、部屋の片隅に湯沸し場を設け、一日に幾度となく紅茶を入れた。

この期間の交友が、どれだけムスリムの理解に役立ったかしれない。来訪者はエジプト人はもとより、中東、アジア、アフリカ、ヨーロッパを含む各国からの学生たちで、皆礼儀正しく、真面目ではあるが、若く血気にはやる青年であり、談論風発して、それぞれの出身国の事情が論議の的となった。

アハリーヤ試験合格

学友ダワーム君が、アズハル大学のエジプト人、アユーブ教授を紹介してくれた。先生は毎朝、長衣を翻して、暗紅色のアズハル頭巾に白のターバンを巻いた扮装で、アズハル内の私の部屋を訪れ、二時間余に及ぶ講義をしてくれた。

一年ほどの個人教授の後、あるとき、半年後のアハリーヤ検定試験を受験してみよ、と勧めてくれた。

一九四一(昭和一六)年早春、いよいよ試験当日となった。アズハルの検定試験は一風変わっていて、一日に一人ずつ受験生を考査する。したがって正味八時間、試験官はアズハル教授七~八名の面接試験である。

日本の事情に興味を持つ各教授が、一斉にいろいろな質問を始めた。

長年のイギリスの政治圧力下にあって、完全独立を祈願するアラビア人先覚者たちの日本に対する関心は極めて高かった。当時のエジプトは、ファード一世陛下逝去後、若年のファローク王統治の独立国ながら、イギリス・エジプト同盟条約に縛られていた。イギリス軍がスエズ運河沿いに駐留しており、一九四〇（昭和一五）年秋、イタリア軍がリビア砂漠からエジプト国内に進攻してウェーベル軍と対戦、エジプト国情は微妙であった。

二時間ばかり時局談義に熱中しているうちに終業時刻となり、ピンチの連続だった私は試験から放免された。結局、教授陣からは日本へのイスラーム布教を考慮して、相当大目に見てもらい合格をいただいた。私自身もさることながら、アユーブ教授の喜びようは非常なものであった。

日本の参戦

一〇月から始まったアズハルの新学期の資格試験に合格したおかげで、正規の大学生として神学部に登録された私は、胸を張って登校した。だが、授業内容となると、程度が高くチンプンカンプンで、再び午後からはアユーブ教授を煩わし、予習復習を励行した。

ただ秋ごろから、日本をめぐる情勢はあわただしさを加え、アレキサンドリアに滞在していた商社、銀行も総引き揚げをすることになり、一日公使館で送別会が行われた。

時の鈴木九万公使は、前任地エチオピアで行われたイタリア軍の攻撃のため、ハイレ・セラシェ皇帝の国外逃避に伴うアジスアベバ攻防戦を身をもって体験されていた。

エジプト官憲との戦い

当時の中東は、そのほとんどがヨーロッパ列強の植民地で独立国は数少なく、日本の大使館があったのはトルコ、イランのみで、あとはエジプト、イラク、アフガニスタン、エチオピアに公使館があっただけである。

こうして日本にとっては運命の一九四一年一二月八日がやって来た。昼前から警察の車がアズハル大学前に駐車しており、どうやら敵性国人として私を逮捕に来たことが察せられた。大勢の友人たちが私の部屋に集まり、官憲には絶対に引き渡さない、学内をあげて実力で阻止するから心配するな、と励ましてくれた。

公使館内で軟禁

開戦になれば、イギリス・エジプト同盟の関係上、エジプトと日本は国交が断絶するので、敵性国人として抑留はやむをえない、と覚悟は決めていた。

午前中は身辺の整理を行い、午後から秘かに裏口から出て、アユーブ教授ほか友人たちを歴訪して別れを告げた。

外人監獄に連行され一泊させられたが、鈴木公使の救助工作のおかげで、翌日出獄を許された。結局、公使館内に軟禁されることになり、翌一九四二（昭和一七）年秋、外交官交換船まで止め置かれることになった。

抑留中の大事件は、ロンメル将軍の独軍がアレキサンドリア西方八〇キロメートルのアラメインまで迫ったことである。カイロ市内はパニックに近く、エジプト政府は私たちを南方に移動させることを申し出てきたが、鈴木公使は断固残留を主張した。

一括交換船に編入されることになり、モザンビーク経由で日英交換船に乗船し、世界各地から参集した邦人と共に、一路シンガポールへ向かった。

2　太平洋戦争とムスリム

光機関（対印特務機関）に配属

シンガポールはすでに日本軍が占領しており、昭南島と呼んでいた。私は一時帰国したが、翌一九四三年早々再び同地に戻り、対印特務機関である後日の光機関に配属された。

インドは現在のパキスタン、バングラデシュを含む大国であった。デリーでは国民会議派を率いるガンジー翁が非暴力運動を展開しているほか、カラチにはムスリム連盟を統率するジンナー博士がおり、それぞれ強力な独立運動を燃え上がらせていた。

その最中に勃発した太平洋戦争によって、日本軍は印緬（インド・ビルマ〔現ミャンマー〕）国境まで進駐していた。

かつては欧米の植民地だった東南アジア諸国がそれぞれ独立を宣言し、まさに東洋の夜明けではあったが、独立してからなお日が浅く、暁闇の中にもうしばらくの熟成を要するような状況であった。

インドの独立を目指して日本に亡命していた憂国の志士、ビハリーボース氏を中心とする東南アジア在住のインド人志士と、マレー半島で捕虜となった英印軍中のインド将兵は、大同団結してインド独立に立ち上がった。その日本側の連絡指導機関が光機関であった。

同年、ドイツからスバス・チャンドラ・ボースが驚異の旗挙げを行った。同氏は、カルカッタでイギリス官憲に捕らえられていたが、逃亡してアフガニスタンを経てベルリンに亡命中であった。極東の戦争推移を見て、急遽ドイツ潜水艦でマダガスカル島洋上で日本海軍潜水艦と接触、移乗に成功、驚異のマレー半島上陸を行った。ボース氏はネール氏と共にガンジー門下の双璧であり、同氏を総帥に迎えて、インド人の意気はまさに天をも衝く勢いと化した。

インド国民会議派のパキスタン・インド問題に対する考え方は、パキスタン・インド両民族共に同じインド人であり、その相剋はイギリスの作為的な煽動によるもので、インドの一丸独立のためにはパキスタン・インドの提携が必須だとして、ボース総帥自ら、当番兵にはムスリム兵士を指名するなど、パキスタン・インドの協同一致が叫ばれていた。

ビルマのアラカン前線に

光機関の機関員中、唯一のムスリム担当の私は、志願してビルマのアラカン前線に出ることになった。親日的な仏教徒ビルマ人に比べて、インド人のほうは協力的でないと言われていた。独立を標榜する光機関の管轄地帯では、ムスリム地域はアラカン海岸部だけだ。

これに加えて、現地軍の兵団長は櫻井徳太郎少将であった。陸士三〇期の職業軍人ではあったが、若年にして中国で数奇の経験を経て、外国人との交流が理解できる数少ない軍人の一人として、かねてから高名であった。

私は決心した。直ちにアラカンに向かい、アキャブから最前線のブチドン、モンドウ地区に進出した。アキャブ地区の光機関左分班は、初め中野学校卒業の田所中尉を長とし、一九四五(昭和二〇)年初頭の八号作戦を頂点とする数々の戦果をあげたが、田所中尉の転出後は、私が五〇名余のインド人工作隊を率いて各地に転戦した。

工作隊員は、雑多な人種の混成部隊で、シーク族も、パンジャーブ族も、パターン族も、グルカ族も混在していた。インド独立の大目的を達成するために、あえて混成部隊に編成されていた。

英印軍との戦い

私がアズハル大学生活四年で、幾多の異民族、ムスリムと接触交流し、どうすれば信頼関係を樹立できるか、腐心を重ねてきた成果を今こそ力試しする、命がけの実験の場は、人跡未踏のアラカン戦場であった。

英印軍は部隊によって異なるが、通常、イギリス人の将校、下仕官、兵士数名の下に、単一の出身部族で形成されるインド人部隊で編成されている。

もしこのインド人部隊がわが方の呼びかけに応じ、インド独立の大号令に参加するなら、わが方は戦わずして戦勝し、前進できる。

英印軍は歴史的に誇り高き軍隊で、極めて秩序正しく、簡単に切り崩すことはできない。すでに制空権はイギリス空軍が握っており、早朝から重爆撃を加えてくる。戦線が太平洋諸島からインド国境まで延びて日本軍の補給は不十分で、米と塩だけの日が続く。

インド独立の理想像だけでは兵士を動かし難いことが、たびたびの工作、経験でわかってきた。同胞の思想を統一することも至難の業なのに、異民族、異教徒と理想を一にし、手をたずさえて協力することは、天上はるか、手の届かない世界のおとぎばなしかと、幾度頭上にきらめく戦場の星を眺めて嘆いたかしれない。

苦悩を背負って

私は何のためにエジプトに留学していたのだろうか。

対英印軍工作が思うように進まないのに対し、現地人のインド人ムスリムは従来の非協力的な態度を改めて、心から協力的になってきた。

彼らは、最前線の接敵地区にいた。バーモ博士を首班とする、独立してまだ日の浅いビルマ政府の行政は、こうした僻地までは及ばない。彼らは治安維持や自衛の目的でアレサンヨウ村村長を中心とする自治組織を作り、対日本軍協力も惜しまなかった。

私たちが駐屯していた村々は、山中の日本軍と現地人との交流の場となった。ビルマ領内は元来、豊穣な米作地だが、インド領内、現在のバングラデシュは米産に適せず、昔からビルマから士民が籾米を搬送し、帰途、マッチ、煙草、衣料などを仕入れてくるのが習わしであった。

日用品が日本軍票で買えることになると間もなく、今度は軍票で米が買えるようになった。こうして途絶しているインド領内との連絡が細々ながら取れるようになり、英印軍に関する情報もその精度を増し、日本軍参謀の情勢判断の資料となった。英印軍の動静は手に取るようにわかり、それより判断して、その企画の成果も推定できるようになった。

インパール作戦

一九四四（昭和一九）年から四五（昭和二〇）年にかけてのインパール作戦は、太平洋海域の劣勢をチャンドラ・ボースの率いるインド国民軍との協同作戦で覆し、インパール席巻後はブラマプトラ渓谷を西進し、一挙にデリーを攻略せんとするものであった。

インド各地の自由独立の烽火とともに、太平洋戦争の流れを変えようという野心的なものであった。しかし、牟田口兵団の補給線の長さと、その不備に対し、マウントバッテン元帥の率いる英印軍は、あらゆる準備を完備しており、制空、制海権共に英印軍の手中にあった。

インパール作戦発動に先立つ一九四四（昭和一九）年二月、わが方面でも八号作戦が発令された。ベンガル湾沿いのわが正面は河川、沼沢、ジャングル地帯で、大軍を動かすに適さず、進出した櫻井兵団も、舟艇部隊を基軸とする敵前上陸に異名のある四国・善通寺師団の一部、二個聯隊弱であった。

これに対する英印軍は三個師団で、次第に強圧が加わりつつあった。八号作戦は、櫻井兵団の主力をあげて前線の一点を重点突破し、敵軍中に進攻した後、反転して狼狽した英印軍司令部を直撃し、指揮系統を破壊しようというもので、あくまで北方インパール作戦の陽動的性格のものであった。

わが光機関もこの作戦に参加し、中央突破、反転作戦、橋梁破壊、後方攪乱には成功した。

しかし少数兵力による大部隊の包囲殲滅は不可能で、シンゼイワに司令部を移動した英印軍第七師団の指揮系統を破壊するにはいたらなかった。

時日が経過するうちに敵兵力の増強は甚だしく、全戦線にわたって次第に強圧が加わりはじめた。一方、インパール戦線の不況が明らかになるにつれ、櫻井兵団正面の防備は不適切、無意味と判断され、同兵団はほかの戦線に転進して新任務につくことになった。

櫻井兵団長もまた、その人となりを見込まれて、ビルマ国民軍最高顧問に転進された。

命からがら

私たちの左分班が駐屯したモンドウ、ブチドン地区も自動的に英印軍の手中に落ちてしまったが、それまで全面的な対日協力を惜しまなかった各村の村長をはじめとする治安維持会メンバーが、英印軍進駐後はどんな罰を科せられるか、予断を許さない。

急遽協議の末、その家族、子供引きまとめ、百数十名をラングーン（現ヤンゴン）に避難させることになった。

自力行軍ができる工作隊は後退していったが、老人・婦人・子供たちの大部隊の作戦地帯の移動は、事情を知らない日本軍や憲兵隊からどのような取り扱いを受けるかわからず危険も多いので、私自身が川崎軍曹と統率してゆくこととした。

ヒマラヤの支脈、アラカンの山越えは、昼間は戦闘機が常時頭上にあり、攻撃を加えてくるので、路上を隊列を組んで移動することはできない。

一人の犠牲も出したくないので、夜間行軍と決めた。標高六〇〇〇フィート（約一八〇〇メートル）の山稜を、アラカンの虎の出没を警戒しながら、赤ん坊を両腕に抱いて行軍した。

虎の襲撃を避けるために、鍋蓋を竹鞭で叩き、眠気覚ましを兼ねて行進したが、これが前線に向かう日本軍に怪しまれ、射ち合いになった。激怒した将校にもう少しのところで殺されかけた。

ようやくイラワジ河谷に出ると、嘆願を重ねて輸送隊からトラックを借りようとしたが、現地人の老人、女、子供を運ぶ目的では相手にしてくれない。

一行は一歩も歩けず、街道に座り込んだままだ。結局、ラングーン司令部から命令書を取って来る以外に方法はなかった。

折からたまたまラングーンに向かう車に私だけ便乗を頼み、二夜をかけてラングーンに到着、すぐ司令部に頼み込んで命令書を入手し、再び北上、途中輸送隊からトラックを借り受け、一行が野宿している部落まで駆けつけた。

一行の歓喜の表情を見て徹夜の疲労も忘れた。よかった。すぐさま一行を満載してラングーンに向かう途中、再度の空襲にも運強く被害はなく、無事ラングーンに到着した。

泰緬（タイ・ビルマ）国境を鉄道沿いにバンコク入りしたときは、裸足、弊衣のすさまじい姿であった。

英印軍高級情報将校だった英人ルイス・アレン氏との面会

この辺りの事情は、奇しくも英印軍高級情報将校だった英人ルイス・アレン氏（現在はロンドン北方のダーラム大学仏文学教授）の『シッタン河脱出作戦』（長尾睦也訳、早川書房、一九七五年）に詳しい。

八〇年春、同氏をダーラム大学に訪ね、懐旧談に夜を徹した。日本学の権威でもある同教授は、同書の巻頭に芭蕉の「夏草や　兵《つわもの》どもが　夢の跡《あと》」を解説しているが、共に敵味方に分かれ命をかけて戦った仲であることを思うと、胸を打つ実感である。

3　石油を日本へ

戦後のこと

さて、戦争が終わった。バンコクのバンバートン抑留所から一九四七（昭和二二）年夏に送還され、帰国した私は、故国の惨状に声もなかった。

一時的にマッカーサー政策で鎖国状態を余儀なくされていた日本にも、やがて貿易が再開され、管理貿易の幾多の過程を経て、五〇年代に入ると、再び海外に出かけることが可能になった。

三菱商事に入社

私は一時、繊維機械部品メーカーの輸出担当をしていたが、製品の輸出にとどまらず、現地での製造を要望するインド人企業家が現れ、プラント建設のため一九五三（昭和二八）年、五四（昭和二九）年の両年にわたり、戦時中夢に見たインドのボンベイに渡航した。

不幸にしてプラント建設中に勤務先のメーカーが倒産したことが奇縁となり、そのまま三菱商事の現地職員となった。これは、当時の石川義吉ボンベイ支店長も、三菱のインド総督と言われた根岸忠素氏も、光機関で生死を共にした方々だったためである。

正式社員に登用され、一九五七（昭和三二）年、私はカイロ支店勤務を命じられた。ボンベイから直航のコンステレーション機は、兵どもの夢を残した砂漠を飛んで、曾遊の地、カイロに到着した。夢に見た再渡航であった。

三菱商事の時代

私の三菱時代は三期あり、第一期はカイロ駐在員時代で、一九五七（昭和三二）年から中東戦争勃発の一九六七（昭和四二）年までのナセル時代。第二期は、一九六八（昭和四三）年から一九七〇（昭和四五）年までの中東石油現地所長を務めたアブダビ時代。第三期は一九七三（昭和四八）年から一九七八（昭和五三）年までの中東監督時代で、ベイルート、クウェート、アンマンに在勤し、一九六七（昭和四二）年、一九七三（昭和四八）年両年度の中東戦争とベイルート内戦の渦中に巻き込まれ、幾多の同僚や友人と苦楽を共にした。

戦前のカイロ時代には、どうすればイスラームを理解し、ムスリムと共感する真の相互信頼関係が確保できるのかに、人生の過半をかけてきた。

内省してみれば、今なお出口のない闇の殿堂を堂々めぐりしているのではないのかとも苦悩する。

サウジアラビア王国の前国王ファイサル陛下

前国王ファイサル陛下が日本を訪問されたのは、一九七一年（昭和四六）年の春で、すでに一〇年の歳月が流れた。

七三年のオイルショックのときに、国使としてサウジアラビアを訪問した三木武夫特使が、原油の対日禁輸緩和を懇願したのは、ファイサル国王その人であった。

当時中東では、一九六七年の第三次中東戦争でイスラエルに惨敗したアラブ諸国はその名誉にかけて、一九七三年秋、栄光のエジプト軍団がスエズ運河対岸に敵前上陸し、文字通りの白兵戦の末、イスラエルのバーレブ防衛線を粉砕、勝利の旗をシナイ半島の紺碧の空高く掲げたが、この作戦に対応してアラブ産油国では、「石油は武器である」の掛け声に一致団結し、アメリカを含む対イスラエル支援国に対し「原油禁輸」を断行した。アメリカと癒着の強い日本も、準敵性国家と判断され禁輸の対象国となった。

アラブ産油国は、原油生産以外に見るべき産業に乏しく、原油禁輸の成果は、その後の原油生産と供給のパターンが過去のメジャー主導型から、産油国政府にその管理権が移動することとなり、いわゆるOPEC時代の幕開けとなった。

オイルショックの余波をもろに被った日本経済は狂乱物価に沸騰、トイレットペーパーや洗剤が市場から一瞬にして消失する騒動に発展し、ようやく朝鮮動乱やベトナム特需で復調しつつあった日本経済は、一挙に成長度が減殺され、GNPは急降下することが憂慮された。

三木特使

三木特使の使命は深刻であった。私もたまたま特使来訪時、リヤードにあり、余暇を利用して、当時建設中であった千代田化工建設（株）の日産一万五〇〇〇バーレルのミニ・リファイナリーへの視察をお願いし、玉置明善社長と共に、特使を建設現場にお迎えした関係上、親し

1973年第一次オイルショックの際、リヤードの建設現場で故玉置社長（千代田化工(株)、中央）の右隣に座して三木特使を迎える萱葺

三木特使に説明する故玉置社長

く特使のお話を伺う機会を得た。

アラブ諸国が生命と名誉を懸けて、イスラエル、欧米諸国、日本を含む全先進国を大向こうに回して、国運を賭けている「石油禁輸」に対し、「緩和要請」が三木特使の懇願だけでそう簡単に受理されるだろうか。

「禁輸」政策に泣く日本

「禁輸」は敵性先進国を痛めつけるために採られた政策である。欧米諸国は相当にこたえてはいても、まだ毅然たる態度を擬している中で、真っ先に泣き声をあげたのが日本である。

日本の「泣き声」は、明らかに「供給削減」が効果を現したのだ。

専門家筋は、三木特使の横顔を眺めながら、この老政治家の運命を憂えた。ところがファイサル国王は、三木特使の懇願をあっさり受諾した。そして三木ミッション一行が三〜四日後、まだエジプト訪問中に、アラブ諸国政府と調整を終えたサウジアラビア政府は、「対日原油供給削減緩和」を発表した。

われわれ専門家筋は、まったく顔色なしで唖然となった。「何ゆえだろう?」

「皇室外交の成果」

ファイサル国王は七一年春、日本を訪問された。東京では朝野を挙げての大歓迎で、国賓としての公式行事のほかに、岸信介氏は大磯の別邸に国王を招待、NHKは特別番組で対談を放映、経団連は大夜会を開いて国王をお慰めした。

しかし天皇陛下とのご会見こそ、その二年後に起きた石油禁輸解除の鍵であったと信じている。両陛下は共に一国を統べる御方である。世界の「五穀豊穣」と「万民の平和」を祈願される天皇陛下のご表情に、ファイサル国王の共感があったはずである。

三木特使の外交術もすぐれたものであったに相違ない。しかし、日本だけが特別扱いを受ける積極的理由はどこにもないのである。何がファイサル国王をして決断せしめたのか。私は「皇室外交の成果」と確信している。

皇太子殿下の行啓

そのファイサル国王が一九七五年、一族の青年の手により暗殺された。世界各国元首が哀悼に殺到するなかで、遅ればせながら日本からは宮沢喜一国務大臣が弔問した。

ファイサル国王訪日に対するご答礼は存命中からたびたび話題にのぼり、日本側の当然の義務となっていた。

爾来一〇年、サウジアラビアが中東産油国中での最大産油国で、日本のエネルギー源たる原油需要の三〇%を依存する国であり、日本からの輸出も、サウジアラビアの豊富な資金源と開発計画による社会投資に対応して、年々著増を重ね、七九年日本の輸入(原油)一二〇億ドル、輸出四〇億ドル、八〇年輸入二〇〇億ドル、輸出五〇億ドルに達し、輸出入合計ではアメリカに次ぐ第二の貿易対象国となっている。

しかしながら官民双方の熱願、尽力にかかわらず、一〇年にわたり皇太子殿下の行啓は実現しなかった。

その間中東の政情は、一九七五年にはレバノン内戦の勃発、国境地帯をめぐって間断なきイスラエル、シリア、レバノン、PLO、四つ巴の角逐があった。一九七九年、イラン皇帝の退位、追放、引き続く南北イエメン戦争、一九八〇年にはイラン・イラク戦争、その間キャンプ・デービッド平和交渉とその挫折など、不安定要因が連綿と継続した。

ところが「機が熟する」ということは、やはり理論の外に実在する。一九八〇年秋は、極めて自然な外交技術の中で、皇太子殿下並びに同妃殿下の行啓を実現せしめた。

両殿下（今上天皇、皇后両陛下）リヤードご到着

一九八一年二月二八日午後四時、皇太子殿下専用機はリヤード空港に着陸する。すでにファハド皇太子は出迎えに到着されており、サウード外務大臣、儀典長官などの顔も見える。真紅のカーペットの向こう側には儀仗兵が整列している。やがて静止した専用機からは皇太子殿下、次いで妃殿下がお姿を見せられた。壇上に両国皇太子が並立されると、まず君が代が吹奏される。

空港貴賓室周辺と空港前大通りは、日の丸の氾濫である。長年、同国に在住する邦人の中には、こんなことは日本サウジアラビア国交始まって以来のことで、第一、日の丸を見たのは渡航以来初めてだと、君が代を聞きながら目頭を熱くしている人もいる。

サウジアラビアも、現在は電気も水も出るようになり、輸入物資も豊富で住みよくなったけれども、これはこの一年来のことで、それまではやはり酷烈な生活条件と闘ってきた。

三月二日朝、サウジアラビアご出発に先立ち、迎賓館で暫時時間をさいて、在留邦人代表謁見が行われた。

ご到着時の逆コースで、やはりお見送りの一人一人に丁重なごあいさつがあり、筆者のごときは東宮御所でのご進講以来の顔なじみで、「この間も、昨日もどうも。毎日、ありがとう。お元気で」と親身なお言葉をいただいた。

振り返ってみるに、皇居でのご進講のとき以来、両殿下の礼儀の正しさには舌を巻かざるをえない。一〇〇名を超す邦人の一人一人に話題を変えて言葉を交わされる必要はないのである。日程の時間表からみても両殿下とも疲労の極にあられるはずである。ことに美智子妃殿下の目許は腫れぼったく見え、疲労顕著であられる。にもかかわらず、忍耐を尽くしておられる姿には、在留邦人に対し、またサウジアラビア側のファハド皇太子はじめ並み居る全サウジアラビア人に対し、誠心誠意の「礼譲」がうかがえる。

これで、ファイサル陛下訪日後途絶えていた「皇室外交」は、みごとに再開された。

4　追憶・イスラームと日本

それは、日支事変が勃発した一九三七（昭和一二）年にさかのぼる。

当時日本では、イスラームとは何か、一般にはまったく知られていなかった。明治以来、欧米文化の吸収に懸命だった日本人は、中東を飛び越えて、ヨーロッパとの交流に忙しく、中東の歴史や文化に触れるいとまはなかった。インドまではイスラームを通じて交流があった。

東南アジアのことは相当によく知られていたが、インド以西、イタリアまでは、日本にとっては全く砂漠の真空地帯である。ごく一部の篤志家を除いては、ほとんど日本に紹介されず、またその必要もなかった。

石油問題とイスラーム

二〇世紀のエネルギー、石油問題は、すでに日本の産業界にとって重要な課題になっていた。その関心の的である石油の原産地は、当時はスマトラ、セレベス、ビルマなどであり、需要の過半はアメリカによってまかなわれていた。

今日のように、「石油と中東」というような不可分の関係は、全然関心外であった。ヨーロッパの絢爛《けんらん》たる文化の吸収に急であった日本は、サラセン文明の中心で、数億のムスリムの中心である中東に、物心共に関心を払ういとまはなかった。

中国ムスリムとの接触

中国のムスリムの人口は、今日でも正確には知りようがない。おそらく一億人以上にのぼると思われ、新疆《しんきょう》はもちろんのこと、華北、山東、旧満州に多く在住していた。

大正から昭和にかけて、次第に旧満州、北支、中支に増加しつつあった日本人居住者は、これらムスリムとの交流を始め、徐々にその真相を探求しつつあった。

ほかの一部は、大正時代から南方に移住しはじめた日本人たちで、マレー、ジャワなどに在住した人たちは、次第にムスリムと交流して認識を深めつつあった。

第一次大戦と日本の国際化

一方、第一次世界大戦に際し、連合国側に立った日本は、中国、東南アジアへ急速に進出したが、中国や、ことに東南アジアに出かけた日本人たちが等しく直面した大きな壁は、イスラームとムスリムであった。

しかもそのイスラームの源泉は、遠く「中東」のアラビア砂漠の中に模糊として霞んでおり、その真相はつかみ難く、当時の日本の先覚者は隔靴掻痒《かっかそうよう》のあせりを感じたに違いない。

日露戦争後の日本人の世界観

日本は、日露戦争の戦勝によって自信を強くした。リーダーとしてのその自負と盲信は、不幸にして第二次世界大戦を誘発し、日本は敗戦によりその企図を破砕された。

日露戦争後、アラブ・イスラーム諸国の賞賛と期待を浴びながらも、日本は彼らの期待に応えることはできなかった。日本は自分が生きることに精一杯であったのだ。

しばらくはマッカーサー政策による一時的な鎖国を強いられたが、「国際化」の潮流はいつまでも日本人を極東の一画に閉じ込めておくことを許さず、日本は平和的手段、すなわち経済活動を通じて、今日再び脈動しはじめた。

日本が平和の旗手として世界の先頭に立って歩むことを心から願って、私の物語を終わらせていただく。

「日本ムスリム協会」歴代会長列伝

鈴木紘司（アハマド）

太平洋戦争で米軍の空襲によりほとんど焼け野が原と化した東京の中で「東京回教寺院」（現在、東京ジャーミイと改名され、二〇〇〇年に再建）は、幸運にも焼失を免れて代々木上原の高台に華麗な姿を留めていた。それはエジプト様式のドームと光塔（ミナレット）を持ち、一九三八（昭和一三）年に建設された趣のあるモスクであった。明治以降に現れはじめた、ごく限られた少数の日本人イスラーム関係者にとり、貴重な拠り所となったのである。〝国敗れて山河あり、帰還した日本にモスク残在せり〟という僥倖は、忘れられない実感として当時、先輩ムスリムの全員が嚙みしめたという。今回の戦争では本当に得難いムスリム人材を喪失したが、戦後に移行してからも金曜礼拝はトルコ人導師（イマーム）により毎週続けられており、ムスリム同士が顔を合わせる〝祈りの場所〟は確保されたのである。

戦後の混乱期を生きる信徒たちは、困難な状況下にありながら互いの結束の必要性を自覚していた。こうして一九五三（昭和二八）年、「日本ムスリム協会」結成懇談会が、上野韻松亭《いんしょうてい》で開催された。これは戦後の日本イスラーム史を形成する、記念すべき重要な会となり、日本人のイスラーム関係者のほとんどが参集した。そこには、山岡光太郎、松林亮、金子精豪、古沢賢太郎、井筒俊彦、山路広明、三田了一、小村不二男、沖正弘、山本太郎、後藤信厳、郡正三、萱葺信正、林昂、川崎寅雄、今泉義雄、渡辺正治、川谷佐一、加藤常松、五百旗頭《いおきべ》陽二郎、鳥山和人、黒田喜久雄、小津幸雄、秋沢克己、脇坂利得、栗城赳、などが顔をそろえていた。

初代会長　今泉義雄

初代会長（一九五三－一九六〇年）　今泉義雄・サーディク

一九五三（昭和二八）年に「日本ムスリム協会」の創立が決議され、初代会長に今泉義雄・サーディクが選出された。今泉は一九〇五（明治三八）年に東京で生まれている。二七年日本大学（機械工学科）を卒業してから、最初にラジオ・航空機部品会社に勤務した。その後、郵政省へ入省し、本郷の湯島天神近くの郵便局長も勤めている。今泉は広い見識を持つ教養人であり、趣味も多彩であった。その一例としては、戦前一九四〇年に四九歳で他界した放浪の天才画家、長谷川利行との付き合いが挙げられるであろう。天涯孤独だったこの画家は、着古した浴衣につっかけ草履を履き、汚れた手拭を下げ、今泉を訪れては酒代を無心して、その代わりに手当たり次第に描きなぐった絵を置いていったという。その庶民の哀歓を描いた絵は、戦後になり認められて高価な値が付いたが、それを一抱えほども今泉は所持していたのである。今泉がイスラームと出会ったのは、その頃にロシア赤軍から逃れて日本へ亡命してきたトルコ系ムスリムと知り合いになったことからである。なかでも日本のイスラーム活動に熱心であった、クルバンアリーの導きにより入信を決意したという。

戦時の従軍で海軍に属した今泉は、東南アジアのインドネシアへ派遣され「セレベス回教協会」の活動に従事して、セレベス島、ボルネオ島でのムスリム生活を体験した。そこでは現地在住の長かった近藤三郎や加藤常松らの助言を得ながら、さらにはカイロのアズハル大学で学んだハッジ・小林哲夫を加えて、宣撫活動に注力したのであった。戦局が困難を増す中で、小林は搭乗機が撃墜されて名誉の戦死を遂げたが、今泉はインドネシア独立運動を画策しつつ終戦となり、四六年に無事の帰国を果たしている。

戦後の厳しい社会環境の中にあって自ら「三星工業会社」という繊維関連の小企業を設立して社長に収まった。靴下製造販売などの自営業を続けることで、金曜礼拝にもほとんど欠かさずに出席が可能であり、イスラーム活動に専念できたことから、日本ムスリム協会初代会長の重職を務めえたのである。会長に就任してからは、モスクを中心にして日本人ムスリムと外国人ムスリムや在京イスラーム諸国大使館との関係の強化を図るとともに、日本のメディアとの応対も引き受けた。なかでも五六年から訪日を開始したパキスタンのタブリーグ・グループに協力したことが特筆されよう。グループと一緒に、東京、神戸、京都、徳島、山梨、仙台、長野など各地へ足を伸ばして、イスラーム講演会を催すなど伝道活動を行っている。

この時代はまだ日本人の海外渡航が容易ではなく、進駐軍以外の外国人の地方訪問も少なかったためその与えた影響は大きく、物珍しさも手伝って各地で新しいイスラーム入信者を獲得しながら、地方の活性化にも尽力したのである。その頃、栃木足利の永瀬華州が発刊した「東方の道」（のちに旬刊「イスラーム」と改題）に協力して会員同士の連携を図った。この新聞は戦後の日本のイスラーム活動を知るうえで貴重な資料であり、当時の協会の会員が一一二名を数えていたことがわかる。

さらに五七年には、戦後の第一次アズハル大学留学生二名（濱田明夫、鈴木珀郎《はくろう》）をエジプトへ派遣して、後に続くムスリム留学生派遣の道を開いた。当時は戦後の日本による賠償、援助が盛んであり、とくにインドネシア賠償による聖典コーランの印刷、インドネシア人留学生の受け入れなどの各種案件に対して、協会を上げて協力を惜しまなかった。

こうした活動を継続してやむことがなかった今泉は五九年に過労で倒れ、胃がんと診断された。そして、最後に板橋の日大病院で手術を受けた時はすでに手遅れとなっており、一九六〇年五月一七日に享年五五歳で逝去した。この葬儀は、代々木モスクに隣接したトルコ学校でトルコ人を中心に清浄（グスル）を済ませて、モスクで葬式（ジャナーザ）を執り行うことになった。しかし埋葬場所については、イスラーム式の土葬が東京都条例で制限されており、火葬の義務が課せられているために大きな問題となった。そこで在京イスラーム諸国大使が集まり、緊急に対応を協議して、当時の東竜太郎都知事と折衝を行った。

その結果、特例として外国人墓地への埋葬許可を取得した。こうして今泉は、戦前の日本でイスラーム伝道に献身したアブドルラシッド・イブラーヒーム導師が永眠する「多摩墓地」の外国人用区画の同じ場所に埋葬されたのである。

この経緯により、日本人ムスリムに特別な墓地の必要なことが改めて認識され、しかも急務であることが痛感された。今泉には子供がおらず、残された今泉夫人はその後も協会の婦人部で長く活躍を続けた。

第二代会長（一九六〇―一九六二年）　三田了一・ウマル

一九六〇（昭和三五）年六月、二代目の会長として三田了一・ウマルが就任した。三田は一八九二（明治二五）年生まれで山口県の武士家系の出身である。幼い頃は病気がちであったが、

第二代会長　三田了一

山口高等商業（現、山口大学商学部）を一九二〇年に卒業した。その後すぐに念願であった中国大陸へ渡り、自分の夢を広げている。イスラームとの出会いは、学生時代に日本のイスラーム先駆者であり、マッカ巡礼者（ハッジ）第一号の山岡光太郎・ウマル（一八八〇－一九五九、広島生まれ）の影響を受けたことによる。こうした中国での旅行を通して中国語を学びながら、病弱であったがゆえに身に付けた医療知識を収入源として、住民との関係を密にした。その間にムスリムのライフスタイルに深く感銘を受け、イスラームへの傾注をいよいよ深めていく。この後、一旦帰国した時には「中国のイスラーム」という論文を執筆し東亜経済研究所の紀要に発表している。またこの折に鎌倉で山岡光太郎との対面を果たした。そこで三田はイスラーム入信の意思を山岡へ表明したのだが、山岡は「俺のような風来坊になるぞ」と明言して、同意しなかったという。この対面時の成り行きと、元来武士の家系で仏教徒であったことから、三田のイスラームへの入信は後れたのである。

　だがこの時に山岡は、三田を当時の国策会社であった有名な満州鉄道会社へ推薦した。こうして三田は満鉄社員として中国各地を転勤しながら、とくに北部でイスラームに接触する機会を多く持ち、イスラームとの接触を深めていく。そしてとうとう一九四一年四九歳の時、自発的に入信を決意し、北京のモスク（Nyuchie Masjid）で、イマームを務めるウォン（Wang Reilan）導師のもとでついに念願の入信を果たしている。その後、中国ムスリム連盟最高評議会顧問などを務めながら終戦を迎えた。だが満鉄社員で奥地に駐在していた三田は、引き揚げの時に辛酸をなめ、子供たちを庇いつつも最愛の妻をその際に失くしている。

戦後はしばらくの間、母校の山口大学で中国語の教鞭をとっていた。五六年からは来日したパキスタンのタブリーグ・グループと提携して、日本各地の布教活動に参加、協力、支援を惜しまなかった。上京した三田はそれらの人々の世話にあたり、三田自身もパキスタンを訪れ、現地の人々に交じってムスリム生活に溶け込んでいる。さらに、五八年の冬の厳寒の最中に出発した船旅によりパキスタンからサウジアラビアへと行き、戦後最初の日本人マッカ巡礼者となっている。このタブリーグ・グループは、三年間にわたり日本人のイスラーム改宗者を一〇名単位でパキスタンへ招待した。しかし、これら改宗者の多くは海外渡航を主目的とし、改宗を二の次の手段と捉え、さらに現地の異文化に馴染めない者が多かったため、日本へ帰国してからムスリムでありつづけたのは、戦前に改宗した三田と『日本イスラーム史』を著した小村不二男の二人しか残っていない。

三田の寛容で温和な人柄は、外国人ムスリムたちから厚く信頼されて、その武士的な日本人気質とあいまって、真の〝ムスリムの典型〟と称せられた。礼拝（サラート）とは〝この祈りが人生で最後の礼拝であるという気持ちで、真剣に祈りなさい〟と丁寧に人々に解説する、誠に求道の人であった。毎朝、日の出前に起きて清浄（ウドゥー）を済ませると、代々木モスクへ行き、その頃の「礼拝呼び出し役（ムアッズィン）」アイナン・サファー師とともに、静かに礼拝を捧げるのが日課であり、できるかぎりモスクでの礼拝を心がけていた。日本人信徒のために『ムスリムの日常生活』という小冊子をガリ版刷りでまとめた他に、著書『サハーバ物語伝承記録』（龍渓書舎イスラミックセンター、一九七八年）を出版している。また後輩ムスリムの指導にも熱心であり、代々木上原のモスクに近い自分の下宿を無償で開放し、外国人留学生（サーレフ・サマラーイほか）や日本人学生（鈴木紘司ら）を住まわせていた。

五七年に岩波書店から井筒俊彦訳『コーラン』が刊行された時、三田はその宗教色が極端に薄められた口語訳を読んで衝撃を受けたという。この初版は後に翻訳者自身の手で大幅に改訳されて現在のものになっているが、ムスリムによる翻訳が必須であると決意を固め、会長就任直後から『日亜対訳注解 聖クルアーン』の執筆に取り掛かり、その後の完成まで一二年余を費やした。協会会長としては、初代会長の埋葬の事例に鑑みてムスリム墓地の必要性を痛感し、イスラーム霊園建設につき協議を開始している。さらに協会業務では六二年、第二次のアズハル大学留学生八名（磯崎定基、飯森嘉助、片山廣、鈴木紘司、近藤充茂、西郷諭、谷正則、野田美紀）をエジプトへ派遣した。

三田は同年、コーラン翻訳に注力するためパキスタン行きを決意して会長を後任に託すことになった。その翻訳作業はサウジアラビアへ場所を移して続行されたが、六四年にマディーナ道路で乗った車が横転するという交通事故にあい、三田の活動を終始援助してきたアルシャッド技師が死亡し、自身は重傷を負ったが幸い命を取りとめている。また同乗していた小村不二男は軽傷であった。六五年、体力回復後に帰国し、救われた寿命に感謝しつつ翻訳完成に向けてさらに努力を重ねた。六七年、サウジアラビア大使館の指導で「邦訳クルアーン刊行委員会」が設置されて、六九年に校正を終えて七〇年マッカへ行き、ラービタ委員会の最終校閲を受けている。この時には学生時代に三田宅の下宿人であったサマラーイ、鈴木紘司が当時ジェッダに在住しており、その校閲と出版許可取得の一助を担っている。こうして初版の『日亜対訳注解 聖クルアーン』は、七二年に刊行を見たのである。しかし、この対訳のアラビア語部分に誤りが発見されるという事態となり、刊行書のすべてが廃棄処分という憂き目にあった。これはアラビア語の原典部分を作成するときに、写真印刷のため切り貼り作業を行い、それを三田の家族などのアラビア語を知らない人に任せたことで起きた意図しないことだったが、これは「神の書」として絶対に許されない大きな過失でもあった。日本語版のほうは三省堂書店から一部出版されたが、対訳本は改めてその見直し作業に取り掛かり、七五年、最終的に完成している。また、この日・ア両文を対照した印刷については、自らが印刷の専門家であり後に会長となる森本武夫が責任をもって担当した。なお現行の日本ムスリム協会の聖クルアーンは、この原本を八〇－八二年にかけて協会がさらに校訂作業を行い、今の形にしたものである。三田はこうした推移を、都下昭島の自宅で見守りながら、一九八三年に享年九一歳の長寿を全うし、塩山霊園で静かな眠りについた。

第三代会長（一九六二－一九七一年）　斉藤積平・アブドルカリーム

第三代会長　斉藤積平

三田の後継として第三代目の会長職を務め、積極的なイスラーム活動を展開したのが、斉藤積平・アブドルカリームである。温和な三田会長とは対照的に直情実行型の斉藤は一九〇八（明治四一）年八月、静岡県引佐郡細江町気賀に生まれた。早くから海外雄飛を夢見て、三四年に拓殖大学を卒業するとインド亜大陸へ渡り、同年八月、アフガニスタン、カブールの日本公使館に籍を置き、アフガン高原を乗馬で自在に駆け巡る毎日を送っている。現地において英語、パシュトー語を習得してその生活に溶け込んだが、その頃はまだイスラームに目覚めていなかったという。イスラーム入信は、引き揚げ後の東京国立に居を構えてから、五六年来日したタブリーグ・グループを須田正継に紹介されたのがきっかけであった。しかし入信を機にその後身近で次々と劇的な事件が起き、斉藤個人に大きな試練を与えている。

まず五九年に国立の自宅が火災で全焼した。このときに在京大使館などを通じ相当額の見舞金が贈られて、ムスリムの相互扶助と兄弟愛の深さに感激する。イスラーム活動の一環としては、母校の拓殖大学に中東研究とアラビア語の講座開設に尽力している。次いで六二年六月、アフガン時代から家庭を守ってきた由貴子夫人の急逝に直面した。この時は、すでに交渉していた山梨県塩山の文殊院に「イスラーム霊園」新設を急いで、夫人の埋葬を無事に済ませた。塩山墓地に埋葬された最初の人が、斉藤夫人となったのである。

さらに同年一〇月に母親を亡くし、イスラーム信仰に生きる決意を固めた長男の稜児をサウジアラビアのマディーナ大学留学へと送り出した。

斉藤は会長就任以来、得意の語学を生かして積極的に海外ムスリムとの関係強化を推進した。六三年に来日したラーマン首相とスカルノ大統領との面談をはじめ、在京イスラーム大使館との関係緊密化を図った。六四年にはラーマン首相の招待でマレーシアへ日本ムスリム青年男女七名（木場公男、税所清美、渡辺亮、渡辺徹、武藤英臣、中山和枝、斉藤靖子）を派遣するなどの活動を展開している。本人自身も中東イスラーム諸国で開催されるムスリム国際会議にほとんど毎年出席して、各国首脳やムスリム指導者と面談した。これらの対外活動は、人数は少ないものの日本人ムスリムの存在をイスラーム世界に広く知らしめるのに役立った。さらに斉藤が行った最大の功績は、後進ムスリムの育成に努めたことである。六五年に第三次アズハル留学生六名(樋口美作、小笠原良治、武藤英臣、新井卓夫、近藤公隆、徳増公明)を送り出した。このうち樋口を除く全員が、斉藤の後輩にあたる拓殖大学出身であり、これらのメンバーが現在の協会運営を担う主要人材となって活躍している。

斉藤の試練の最後は、六五年にマディーナ留学中の長男稜児から緊急に来訪してほしいとの要請があり、その訪問した下宿アパートで語り合いながら就寝したその夜(一二月一二日)、建物が突然に崩壊して生き埋めとなり、長男稜児を失うという経験であった。アパートは市内のセハーミー広場近く、ワカフ省真向かいに位置した七階建ての新築であった。人々が寝静まった午後一一時一五分に大音響とともにアパートが崩れ落ち、死亡者だけで二〇余人という大惨事となった。これは三階建ての建物の上に増築を重ねた設計ミスが原因であった。隣合わせに就寝していた父と子の運命は別れて、斉藤だけが軽傷で救出されたのである。ちなみに斉藤稜児(行年二四歳)は、世界の全ムスリムが永遠の眠りに就きたいと渇望するマディーナのバキーア墓地(ジャンナト・ル・バキーア)に葬られた唯一の日本人である。バキーア墓地は、預言者モスクの東側のすぐ近くにあり、そこに預言者の家族をはじめとするイスラーム史上で著名なあまたの人物が葬られている。墓地正門から道は二股に分かれ、右手にしばらく行った小高い場所にある赤砂利を敷いた長方形の区画が、預言者の妻たちの埋葬場所である。左手の道をゆるやかに下るとその終点にある同じく赤砂利を敷きつめた区画が、マーリキー派イスラーム法学の祖、イブン・マーリクの墓であった。そこからさらに左へ伸びて、白壁に突き当たる手前に盛土があり、粗い火山岩の黒石が数個置かれていた。イブン・マーリクの墓に程近い、その地点が彼の埋葬された地点であった。その墓地全体は、塩のふいた斑な地表と無数に散らばる石ころで覆われ、人間が土に帰るという事実を如実に示唆していた。そこでは常に人々が朗誦する祈禱（ドアー）の声が流れて、絶えることがない。

〝アッサラーム　アライクム。信徒たちが眠れるこの地。我らに先立つ多くの人々よ。我らもまたアッラーの御心にて、その後に従い行くもの。バキーアの人々にアッラーの御恵みあれ。そして我らの上にも、御恵みを与え給え。〟

これらの体験から斉藤の信仰心はますます強固となり、毎日五回の義務礼拝と毎年のラマダーン月の断食を何処においても守り通し、生涯にわたりけっして欠かすことはなかった。また上記の子息の逝去に関しては、クルアーン第一八章七四節にある、ムーサー（モーセ）と緑の男（ヒドル）の寓話で「男の子が殺される話」を引き合いに出して、〝この世の出来事というものは、すべてアッラーの深い意図にもとづいているのであり、人間の浅はかな知識では理解することが不可能なのである。〃と説明を加えながら、しみじみと語っていた。

斉藤は六八年に塩山墓地の設営を終えると、これを所有財産として、それまで任意団体であった協会を「宗教法人」に格上げして、協会の登記を完了させている。

会長職を退いた七二年以降も、主要なイスラーム国際会議にはかならず出席して、日本ムスリムの存在を世界にアピールした。また国内においても他宗教団体との友好的交流に努めて「世界宗教者平和会議」などへの連携を強めた功績は大きい。七六年には日本のイスラーム諸団体をまとめる「ムスリム団体協議会」の世話人代表になり、ムスリム長老としての存在感を示している。一九九八年三月に他界して自らが創設した「イスラーム霊園」において、前夫人の墓所で共に眠っている。

第四代会長（一九七一—一九七四年）　森本武夫・アブーバクル

斉藤の次を引き受けた第四代会長は、森本武夫・アブーバクルである。過去の協会会長のほとんど全員が、若い頃からムスリムとの交流を深めたか、あるいはイスラーム圏で現地体験をしたことでイスラームと接触したのに比べ、森本の場合だけは極めて日本的といえた。

森本のイスラームとの接点は、生まれ育った場所が渋谷区富ヶ谷であり（一九〇五〔明治三八〕年生まれ）、代々木上原モスク近辺という環境がその一つであった。一九二五年に旧制の

第四代会長　森本武夫

工業高等専門学校を卒業してから、二七年ドイツのライプチヒにある国立グラフィック・アカデミーへ留学して、出版業が盛んな現地でドイツ語を学び、印刷出版の技術の専門家となっている。若き森本はドイツ文学にも傾注して、学生時代の愛読書『ファウスト』を思い出しながら、同じライプチヒの大学で法律を学んだ文豪ゲーテに特に魅かれたという。それでゲーテの遺跡巡りを翌年に行い、ゲーテの活動の舞台であり、現在ゲーテ博物館があるワイマールや、故郷で生誕の家が残るフランクフルトなどを訪れた。そして、この文豪ゲーテが〝後年に『ルバイヤート』などの中東の文学に興味を抱いた事実を知り、このことがイスラーム入信に深く関係した〟と本人は語っているのだから、これもアッラーの深いお導きであろう。六三年、森本は技術指導で東パキスタン（現在のバングラデシュ）を訪れたことにより、そこで〝自殺者のいないムスリム・ライフ〟を知り、これに幼い頃から見ていた自宅近くのモスク・イメージが重なり、イスラームへ入信したと聞いている。

重厚な技術屋タイプであり、朴訥《ぼくとつ》な感じの人柄であったが、事務能力には長けていた。七一年に、それまでなかった協会本来の事務所を初めてJR代々木駅の近くに設営して組織化を図ったことが、会長としての功績であろう。この事務所を借りる時の保証のため、自宅をその抵当に入れるほどの誠実な人であった。

また本来の専門知識を生かして、三田訳の聖典クルアーンの出版に支援尽力している。さらに自らも執筆に積極的であり、著書に『イスラーム入門』などがある。日本のイスラーム事情を国内外に紹介することに努めて協会の存続に大きく貢献している。

またイスラーム関連の調査にも労を惜しまず、日露戦争の時に日本軍に拘束されたロシア軍捕虜の中にムスリムがいて、収監された大阪泉大津に礼拝場所を開設していたとの史実に接すると、すぐ現地に赴くという熱心さであった。会長を引退後も独自に機関誌を発行して海外に配布していた。一九九〇年に逝去し、最後に自宅とは離れた塩山のイスラーム霊園に埋葬されたのである。

第五代会長（一九七四―一九七七年）　渡辺正治・アブドルモニール

世界がオイルショックに見舞われて、イスラームが日本で再び注目を浴びた時期に第五代目の会長に就任したのが、渡辺正治・アブドルモニールである。一九一三（大正二）年、新潟小千谷生まれ、実家は信濃川に近く、織物の製造販売を家業としていた。中学時代はスキー部、テニス部主将として活躍し、その頃から闊達で豪胆な性格が形成されていたという。

第五代会長　渡辺正治

青年時代はデザイナーを志望し、三二年に上京して商業美術の道に進んでおり、その間に天保太郎というペン・ネームでマンガを描いていたというから、機知に富み、想像力豊かな渡辺の人柄の原点がそこにあった。イスラームとの関わりは、日本へ亡命したトルキスタン志士たちとの交遊にあり、その中で美貌の女性との熱烈な恋愛が入信の理由であった。イスラームへ改宗しなければ結婚ができないからだ。渡辺はこうした志士たちを映画会社にも紹介している。当時は戦争映画を撮影する時に外国人のエキストラが必要になる場合が多くあり、外国人が少なかったことで、そのアルバイトは双方に喜ばれたのである。

四一年一二月太平洋戦争が始まり、国内は戦時色一色に染まってきた。ムスリムとなった渡辺は麹町にあった財団法人「大日本回教協会」に顔を出していた。その頃この協会は陸軍中将四天王延孝が会長を務めており、中国語、マレー語、アラビア語などのアジア・イスラーム圏の語学講座を開いていた。渡辺もその講座に通い、代々木モスクでもよく顔を合わせていた戦前の著名ムスリム、ハッジ・鈴木剛・サーリフとの師弟関係がさらにイスラームへの傾注を深めたのである。それは、渡辺が個人で開いていたデザイン事務所を「東京イスラム教団」に使わせてくれと鈴木剛に頼まれて提供することになった。その事務所には、川谷建彰をはじめとする何人かのムスリムたちが出入りした。四二年、鈴木剛はジャワ派遣軍一六〇二部隊参謀部別班内回教班（この正式機関名は「第一六軍治部隊参謀部別班」）へ派遣された。この別班は陸軍特務機関との混同を避けるための呼称であり、責任担当者がハッジ・細川将・アブドルムナイムであり、丸崎義男大尉、大西伸治・アブドルハミードなどがおり、細川の交代で鈴木剛が赴いたのである。そして戦局が激しい最中の四三年七月、鈴木剛からの特別要請を受け、渡辺は日本刀一本を携えてインドネシアへ赴任した。名古屋からの昭南島直行便が欠航したので門司からの輸送船に乗り込み、昭南島で乗り継いでジャカルタに到着したのは九月であった。現地では鈴木剛の配下で宣撫工作を担当する軍政監部の宗務部第二課長として、翌日から任務にあたった。ムスリムとして現地人と同じ、コピ帽子をかぶり、サロンを巻いた平服姿で街中を歩いた。この時の宗務部の活動は、やがて来るインドネシアの独立に備えて自衛のために予備軍を編成し、そのための幹部要員を育成することであった。ジャワ本島から一六歳から二五歳までの優秀な青少年を二〇〇人ほど集めて幹部候補生とし、「ヒズブッラー」と呼ぶ組織を創設した。ちなみに〝ヒズブ〟〝アッラー〟は「神の党」という意味であり、現在レバノンで有名な抵抗運動組織「ヒズボラ」と同じ名称である。ボゴール近郊のチバルサ農園を訓練所に定めて、本格的な訓練を開始した。訓練隊長は陸軍中野学校出身の柳川宗成であり、渡辺と宮下孝男の二人が訓練所全般の運営に従事し多忙を極めたのである。訓練は午前中に宗教教育、午後は軍事教育という日課であった。こうして三カ月の訓練で見違えるようなたくましい青年に変身した。これらの青年がそれぞれの故郷に帰り、インドネシア独立戦争でオランダ軍と戦い、見事な成果を収めたのである。また訓練所が解散した時に行く先のない使用人たちに、渡辺は「バライ・ムスリミン」を作ってやった。これは医療や教養、宿泊設備を備えた青年会の施設であり、専門の商業美術を生かして、壁には装飾用にアラビア文字を描いたり、屋根を吹き抜けに改装して光塔（ミナレット）を建て、庭に池をこしらえて、花を植え、孔雀を飼うという楽園を設営したのであった。

こうした縦横な活躍をしてから、渡辺は無事に帰還を果たすのだが、師であったハッジ・鈴木剛は最後に日本へ向かう帰還船「阿波丸」に乗船して帰らぬ人となっている。「阿波丸」の悲劇についてはさまざまな資料で詳しく述べられているが、台湾海峡で二千人の乗客もろともに撃沈されたのであった。渡辺は戦後しばらく経ってから、その命日に小田急線柿生にある鈴木剛の実家へ墓参に行ってきたと語っていた。以上のインドネシアにおける渡辺の行動は、文部省からジャカルタの軍政監部へ出向した荻野課長と共に「口述帰国報告書」として国立国会図書館記録倉庫に保管されたという。

終戦となりジャカルタの日本人は俘虜収容所へ収監されたのだが、渡辺の所持品検査でコーランが見つかり、ムスリムであることが判明すると、その待遇は他の日本人と違って強制労働が免除され、また暇つぶしに描いた渡辺の絵が連合国兵士の間で評判となり毎日を過ごした。四六年、米軍所属の輸送船に乗せられて名古屋港に下り立ったのである。

戦後は自ら志望の商業美術の道を進もうと、インテリアデザイン・イベントの企画設計「丹青社」を下谷に構えて、上野松坂屋百貨店などのディスプレー制作を中心とする仕事を引き受けることになる。そして、世界的に見ても最多のデザイナーを擁する会社に成長させたのである。持ち前のアイデアを発揮して、イラストとレイアウトを作り店内装飾、催事の企画施工を手掛けてゆく。四八年、銀座六丁目の木挽館ビル内にも事務所を設けており、のちにこの事務所を初期の「日本ムスリム協会」のために事務所名義を貸している。五〇年、現在の一部上場企業まで成長した「株式会社丹青社」を立ち上げて組織の刷新を図り、新たな一歩を踏み出した。一流会社の社長という多忙の中でも、協会の活動には創設時代から参加して協会の基盤を常に支えてきた功績は大きい。ちなみに協会が自前の事務所を持つ以前は、前述の木挽館ビルもそうであるが、すべて「丹青社」気付として住所名義を借りていた。

渡辺はその独特のユーモアに満ちた軽妙な話術で人を魅了し、激動する日本のイスラーム界における諸問題を見事に処理してさばいた。協会組織の再構築を行い、経営的な手法を導入してアラビア石油をはじめとする法人会員を入会させた。また、イスラーム・ブームの中で七四年に創設された「イスラミック・センター・ジャパン」との協調も計り、後年は同センターのトップに就任して運営を切り盛りした。また協会の独自性発揮を明確にさせて、会長として聖地マッカの「イスラーム世界連盟（ラービタ）」を訪問し、関係の強化に努めており、ハーリド国王との謁見を果たしている。また世界的視野に立つ渡辺は、いくつかの会長職をこなすかたわら「国立公園協会会員」の役職をもち、世界野生動物の保護にも尽くした。こうした幅広い活躍をしながら九六年、体調不良を訴え、一一月に他界した。この時の葬儀は、渡辺がいかに国際人であったかを如実に示す、大きな波紋を呼ぶものとなった。もちろん、渡辺の家族は先祖代々の眠る墓所へ安置する予定であり、一流企業の名誉会長としての社葬を当然、取り行う手筈にしていた。ところが、渡辺の訃報を聞いた日本に在住する外国人ムスリムが大挙して集まり自宅へ押し寄せ、埋葬をイスラーム方式で行うと強硬に主張したのである。渡辺家としてはこの成り行きに大いに戸惑い困惑したものの、結局、遺体は速やかに塩山霊園へ運ばれ手厚く埋葬されたのであった。このような事態の経緯を伏せたままの社葬が上野寛永寺において盛大に営まれ、渡辺を知る多くの参列者の長い列がいくつもできて追悼されたのである。こうして最後の最後まで渡辺らしい人生を全うし、聖地マッカの方角へ顔を向けながら永眠している。

第六代会長（一九七七―一九八四年）五百旗頭《いおきべ》陽二郎・モハマッド・オマル

第六代会長　五百旗頭陽二郎

五百旗頭陽二郎は一九二三（大正一二）年、兵庫県生まれである。四〇（昭和十五）年に無線学校を卒業した技術者であり、太平洋戦争で米軍に一歩立ち遅れた日本のレーダー製造、修理などを手掛けていた。

四二年、海軍に配属されて第一南遣艦隊に所属し、四三年三月、小雪がちらつく佐世保軍港から「南進丸」に乗船して南国のシンガポールへ派遣された。その途中で同船は敵潜水艦から魚雷攻撃を受けたが、辛くもそれをかわして機雷を落としながら危機を脱出したという。

シンガポールでは島の東北にある以前英国海軍が使用していたセレター軍事基地に駐屯し、航空機や発動機の電気系統の修理、整備を担当した。格納庫に常時整備されている数機の電装品のテストを行い、毎日定期的に発進する五、六機の電装品を点検して、最後に帰島してくる軍用機を収容し終わると兵舎へ引き上げる毎日を送った。その生活の中で五百旗頭は、食堂の奥に置かれたピアノを静かに弾く、空母の搭乗員伊東友吉と知り合い、また、サウスブリッジ通りのドイツ料理店で聞ける、大好きなコンチネンタルタンゴを奏でるレコードプレーヤーの音色に生きる喜びを噛みしめたという。その夏に五百旗頭が将来、アラビアとの絆を結ぶことを暗示するような劇的な「極秘作戦」に参加したのである。

当時、マレー半島のペナンは潜水艦基地となっており、日本軍の伊六潜水艦などとともに、ドイツのUボートも多く停泊していた。ペナンに内地から潜水艦搭載用に新品の零式小型偵察水上機が搬送されてきたが、これに装備された超短波通信機の操作をできる人がいないため、五百旗頭はペナンに呼ばれた。この無線機の主機は潜水艦に搭載されており、その小型水上機に乗り込んでテストを行い成功させた。通常の発信電波と違い交信が敵側に盗聴されないように作られた特殊な無線機であり、この通信士として潜水艦への乗り込みを命じられたのである。この潜水艦が担った隠密作戦の任務は、日独伊三国同盟の中で北アフリカ戦線においてドイツ軍を指揮したロンメル将軍の機甲師団と相呼応して英国軍隊がいるエジプトを進攻するために、エチオピアから紅海岸に沿い北上するイタリア軍との連絡を取ることであった。それでイタリア軍将校二名を同乗させていた。潜水艦は潜航と浮上を繰り返しながらインド洋を西南に航路を進んで、五日後にアデン湾近くへ到達した。しかし当時の日本海軍には紅海付近の海図がなく、イギリス軍の強大なアデン基地を通過する際は二昼夜をかけて低速で海底を這い回り、ようやく紅海へ入ることに成功した。ポートスーダンに近いイタリア軍基地との連絡がつき、浮上した艦は偵察飛行をすることになった。二人乗りの小型機で操縦を吉永、無線を五百旗頭が分担した。エメラルド色に輝く紅海と褐色の陸地に広がる砂漠の光景の中で、しばらく飛ぶと砂地に白衣の大集団の行進を目撃した。その集団の目撃を艦に報告すると、機が発見されたからには危険であるから直ちに帰還せよとの指令を受け、全速力で引き返し、潜水艦近くに無事着水した。急いで機の主翼を折りたたみ、司令塔下の格納庫に収納して、艦は急潜航したのである。

その後しばらくして、艦内にペナンより通達された告示の通達があったという。それは「昭和一八年九月八日、イタリア政府が米英に無条件降伏した。イタリア軍との作戦を中止して、ペナン基地へ帰還せよ」の訓示であった。こうして潜水艦は長い危険な海域を、乗船員の卓越した技能により踏破して隠密作戦を果たし、奇跡的な生還を果たした。その後の勤務の中で搭乗機が撃墜されるという事故にも遭っているが、ここでも重傷を負いながらも九死に一生を得て生還するという強運の持ち主でもあった。その余儀なくされた入院生活の中で出会った現地人との交友で、イスラーム信仰の道に従うことを決意したという。これらの実体験を通して培った五百旗頭の漂々とした人柄は、常に明朗であり、協会の創設時から惜しみない協力を行い、後輩をよく指導し、また会員からも愛されたのである。長らく住んだ駒込では、地元の消防団など地域社会活動に熱心であり、若い頃から愛した音楽は、ウイーンのニューイヤー・コンサート・ツアーにも参加するほどであった。

五百旗頭が会長を務めた時代は、オイル・マネーが潤沢になった中東、イスラーム諸国からの賓客来訪も多く、その応対の業務も増えている。三田の『聖クルアーン』刊行および協会創立三〇周年記念パーティーの指揮をとり開催している。交通・通信網の発達で世界はますます狭くなり、それに伴い国内外の宗教間対話も盛んで、そうした会議への参加も増した。会長業務として大切な、聖地マッカのラービタとの絆を深めるための訪問を行い、かつて機上から見た紅海の「白い集団」の移動がマッカ巡礼団であったと確信をしたのである。全力を尽くした会長職を辞した後も、常に協会に顔を見せて、会員同士の親善に心を砕いていた。その中で長男に先立たれる悲しみに遭遇したが、率先して家族を「イスラーム霊園」に埋葬し、日本人ムスリムとしての存在を明確にしている。そして自らも二〇一〇年二月に長男の墓石のすぐ傍らの地で安らかに永い眠りに就いた。

第七代会長代行（一九八四－一九八六年）　有見次郎・アブドッサラーム

一九八四年の総会においては鈴木紘司・アハマドが会長に選出されたのであるが、鈴木の勤務する住友商事人事部が〝業務と無関係である他法人の会長を兼務するのは好ましくない〟と不許可となり会長辞退となったことで、有見が会長代行となったのである。しかしながら住友商事としては、鈴木個人に対しすでに入社時から特別辞令を与えていた事実があった。これは日本人ムスリムの金曜礼拝出席への配慮であり、〝金曜日昼の休憩時間に一時間延長を許し、代わりに退社時間を一時間延長する〟との辞令である。日本企業がイスラームに理解を示し、社員にこのような例外を与えた事例は特記すべきであろう。さらに鈴木は、ラマダーン（断食月）になると昼食を取らないために当時、社内の慣行であった昼食時間の女子社員による電話当番の業務を、代わりに行ってやったことで重宝がられた。

第七代会長代行　有見次郎

有見は東洋大学卒業後、七五年にマッカのウンムルコラー大学へ、森伸生、柏原良英と共に留学して、のちにリヤード大学へ移籍している。帰国後は各大学でイスラーム学の講義を行うかたわら、通訳、翻訳業などをしつつ、会長代行をこなした。有見の時代に、その後協会の恒例行事となったイスラーム・キャンプの開設が始まっている。また霊園の管理でも積極的な動きを見せて貢献した。さらに出版事業においても重要な任務を果たし、『日亜対訳・注解　聖クルアーン』の印刷、出版に深く関わり、今もなお協会の副会長として活躍している。

第八代会長（一九八六―一九九〇年）　鈴木珀郎《はくろう》・ズベイル

第八代会長　鈴木珀郎

ムスリムの中でも鈴木姓は多く見られるが、鈴木珀郎・ズベイルの家族は、戦前からイスラームと関係が深く、紫郎、住子、珀郎の三人がとくに関わった。紫郎は「大日本回教協会」によく出入りしてその業務を支え協会のために尽くした。住子は参謀本部に請われて当時ロシアの影響下にあったトルキスタンへ渡り、その地の政治指導者と結ばれて、同地の独立運動を援けている。彼女が過ごした数奇な体験は、昭和三〇年代に出版された『チャードルの女』という自伝に詳しくまとめられている。帰国してからは大田区池上で六〇年代にムスリム中華料理店を経営していたが、その後台湾へ移住した。

末弟の珀郎は一九三五（昭和一〇）年生まれで、工学院大学を卒業後の五七年、当時はアラブ連合と呼んだエジプトのアズハル大学へ戦後の日本人第一期生として留学した。最初はワフディン管轄下の留学生としてマニュアル・ロウダの寄宿舎で生活を送り、その後アッバシーヤに新築された学生寮（イスラミック・ミッション・シティー）に移っている。この寮は大きな二つの敷地に四階建ての建物がいくつも立ち並び、世界各国から来た学生四〇〇〇人近くを収容する大規模なもので、新興アジア・アフリカ諸国の盟主エジプトの国威を示すものだった。ちなみにアラブ連合とは、当時のナセル大統領が主唱して、シリア、イラク、イエメン、スーダンなどのアラブ国家統一を図る構想であり、その試みは成就しなかったが、現在でも上記各国の国旗がほぼ同じである点にその名残を留めている。

六一年、珀郎はエジプトからマッカ巡礼を行い、三田につづく戦後第二番目の日本人巡礼者(ハッジ)となっている。巡礼後に体調を崩して一時重体となったが、無事に回復した。こうしたことで六三年に帰国を決意し、当時の三菱商事カイロ支店長でありアズハルの大先輩である萱葺信正・イブラーヒームの紹介により「東洋加熱株式会社」へ入社した。

それからは貴重なムスリム・アラビストとして、リビア、サウジアラビア、カタール、アルジェリア・イラクでのプラント建設に従事して大活躍を見せている。リビアの砂漠では下請けの日本人派遣員が、砂漠で捕まえた毒蛇を飼育していたところ誤って手をかまれ、急遽小型チャーター機でイタリアへ搬送して命を救ったなど、興味深い話には事欠かなかった。また、サウジアラビアではジェッダに駐在したが、この同時期にアズハル留学生の後輩である、片山、近藤、樋口が他社駐在員としてそれぞれ派遣されており、共に聖地マッカを訪問している。駐在から帰った日本では、勤務のかたわら協会理事をつとめて活躍を見せた。

会長としては、協会財務の健全化、墓地の新設認可の取得、アジア諸国を結ぶイスラーム連帯であるライズアップとの関係強化などを図っている。イード礼拝の際には、他の団体と共に合同礼拝の会場を設営するなど、内外のムスリム団体との交流にも尽力した。会長辞任後も、ジャパン・イスラミック・トラストや大塚モスクと協力して活動を継続したが、二〇〇三年一月に大塚モスク三階の事務所において急逝した。最期までイスラーム活動を行いながら、モスクの中で亡くなったのは「殉教者（シャヒード）」であるとして、外国人ムスリムたちから高い評価を受けたのである。大塚モスクで葬儀が執り行われて塩山霊園に埋葬されたが、その早かった死が皆から惜しまれた。

第九代会長（一九九〇―二〇〇三年）　樋口美作・ハーリド

第九代会長　樋口美作

長期にわたり会長職を務めた樋口は一九三六（昭和一一）年、新潟県十日町生まれである。新潟出身のムスリムとしては、アラビア石油で貢献した林昂・オマル、第五代目会長の渡辺正治、そして樋口美作が、その三名士として挙げられよう。

樋口は六二年に早稲田大学法学部を卒業後、エジプト大使館に勤務して入信し、六五年にカイロのアズハル大学に留学している。その後六八年に日本航空（株）に入社して、エジプト、イラク、サウジアラビアに駐在を重ね、現地で大いに活躍を見せ、その実力を示してきた。

樋口が会長に就任したこの時期は、中東で大きな事件が勃発した時代と重なっている。まず、その一つが九〇年の「湾岸危機」であり、これが九一年の「湾岸戦争」へつながった。この時には、協会員の三名、武藤英臣、徳増公明がクウェートで、片山廣がイラクにおいて拘束され、イラク軍の人質となったのである。その救出のために協会はさまざまな手段を講じたのであるが、これにより協会の果たすべき任務の重要性が改めて認識された。

さらに、二つ目が二〇〇一年九月一一日のニューヨークで起きた「同時多発テロ事件」と、それに続く「アフガン戦争」と「イラク戦争」である。周知のごとくこの事件以降は、それまで「平和な宗教」と理解されていたイスラームが、一転して「暴力を容認する危険な宗教」という誤った認識と悪いイメージの先走りという被害をこうむることになった。

樋口が会長になった直後から取り組んだのは、理事会の拡充による業務の活性化であり、内容を充実させる会報「イスラーム」の発行であった。次に、それまで賃貸だった協会事務所を現在の住所である代々木に新しく購入し、小さいながらも礼拝場所を確保した。その時に事務所の登記を、山梨県から東京都へ移転させている。また「イスラーム霊園」を増設し、管理、運営を整備し、その頃から急増してきた在日外国人ムスリムの死亡や、高齢化する日本人ムスリムへの対処を講じた。なかでも樋口がとくに注力したのは、イスラーム指導者や学者を動かして日本宗教者との対話を推進する活動への参画であった。樋口の足跡については、自著である『日本人ムスリムとして生きる』（佼成出版社、二〇〇七年）に詳しいのでそれに譲るが、こうした樋口の地道な活動が、イスラームの正しい姿を日本のマスメディアや宗教界にまで広く認識させたのである。また一九八六年に老朽化のため解体された首都の「東京モスク」が、二〇〇〇年に「東京ジャーミイ」として華麗に再建され、その開堂式で祝辞を述べたことが、樋口にとり最も印象深かったと語っている。

樋口は会長として、日常の行動や生活の中で日本的な生き方とイスラーム的な生き方の本質を模索しつづけたとも述べている。換言すれば、宗教アレルギーが強い日本人社会の中に〝健全で理知的なイスラーム教義〟をいかに馴染ませるかの努力でもあった。対外的には平和国家に見える日本であるが、対内的に、自殺問題、家庭や学級崩壊、青少年犯罪、非行の増加など、多くの深刻な問題を抱える日本で、イスラームの心をいかに知らしめるか、樋口の努力は今なお続いている。そして次期の会長職を、現会長である徳増公明・アミーンへ禅譲したのであった。

第一〇代会長（二〇〇三年―）　徳増公明・アミーン

第一〇代会長　徳増公明

一九四三年、静岡県生まれ。第三代の斉藤積平会長と同郷であり、拓殖大学在学中に斉藤の薫陶を受け、六五年にアズハル大学へ留学した。七六年、アズハル大学法学部を卒業後、アラビア石油株式会社に入社。八三年、同社リヤード事務所に勤務、九二年、東京本社に勤務した。日本サウディアラビア協会・日本クウェイト協会の事務局長（一九九四―二〇〇八）・常務理事（一九九八―二〇〇九）をつとめ、アラブ圏との友好緊密化に尽力した。現在は拓殖大学イスラーム研究所客員教授を兼ねている。

Ⅲ　イスラームと日本社会

イスラームと日本の宗教的覚醒

水谷周（アミーン）

はじめに

太平洋戦争における敗戦は、日本という国と社会を根こそぎ変革した。なかでも宗教事情は、その最たる事例であると考えられる。そのような大変革が国民的抵抗にもあわずに進行し、しかも社会の奥深くまで浸透し定着したのには、相応の原因があったと考えざるをえない。それは、ただ連合軍の指令でそうなったというには、あまりに広く深い現象だからである。

その原因とは、他でもない日本国民とその社会自体が、そのような変革を望むか、あるいはそれに納得したからである。現在、戦後という時代が政治、経済、そして社会全般の流れの中で反省の波に洗われつつある。そのような時、日本の歴史的背景とともにその宗教信仰を取り巻く状況を把握し、その中でのイスラームの立場と役割を考えるのが、本論の課題である。

1　日本の政教分離について

敗戦後の宗教について、その変革ぶりを浮き彫りにすることができる重要な視点の一つは、政教分離政策に関するものである。政教分離とは、政治と宗教の分離であるから、理解するのにさほど手間はかからないだろう。

ところがここで指摘し、認識を新たにしたいことは、政教分離というテーマは世界的に見ればどれほど大変な問題であり、場合によっては多大な人の生命と犠牲を伴わざるをえないものであったか、ということである。

よく見られる政教分離の分類を、整理のために援用することとする。大きく分けるとその一つのパターンはフランス型で、世俗権力が教会権力と正面から対決し、相互に反発する関係であった。そこでは政教分離は、なかんずく「宗教からの自由」に他ならなかった。

もう一つのパターンはアメリカ型で、それは国として国民の宗教を選択する自由を保障しなければいけないという責務が問題とされる、つまり「宗教の自由」が課題なのであった。

フランス型は敵対的なそれで、冷たい関係が当然の結論である。それは昨今の女性のヴェール問題が提起されるのは、ヨーロッパ大陸で専らであることの根源でもある。特定の宗教を現すファッションを目にさせられるのは、個人の自由を侵害していると主張されるのである。他方アメリカは、大統領さえも公の場で自らの宗教について発言し、それが他宗教や他宗派への直接の侵害でなければ、取り立てて問題視されることもない。驚くほどに寛容なのである。このような大きな差が、大西洋を挟んで生じているのである。

それぞれが長い歴史と複雑な経緯を抱えている話であり、ここではこのような世界的なスケールで二つのパターンによって、政教分離の問題が捉えられていることを確認しておきたい。そしてそれを踏まえて、わが日本での政教分離の過程を振り返ってみることとする。そうするとこれはある意味で、第三番目のパターンとも言いうるものであったということが判然とするのである。

日本の場合は、戦前の軍国主義とほぼ一体化した形で、政教一致体制があったために、それからの脱却願望が極めて強かったのであった。つまり敗戦の苦痛は、政教一致がもたらしたものであるとして映像が重なり、したがって宗教はもうたくさんだというのが偽らざる感情となったのであった。「われわれは多くのことを神仏のためにしてきたが、何をしてもらったというのか」との感情である。それは、「宗教からの自由」をはるかに超えて、「宗教無用論」と呼べるのではないだろうか。このような感情は、そのまま戦後マルキシズムの「宗教は阿片」説に直結する面もかなりあった。

政教分離がこれほどうまく、無抵抗で進むと連合軍側が考えていたかどうか、聞きたいところである。公開されつつある米国国務省の公文書を調べれば何か相当な意味深いものが出てくるであろう。ただしかしそれは本質論ではない。問題の根本は日本側の受け止め方であり、自らが取ってきた判断と姿勢であるからだ。敗戦後のどたばたの中で、宗教信仰のあり方など誰がかまっていられただろうか。ましてや、何も良い思い出がないどころか、最悪の記憶に満ち満ちているのであった。少なくも、当時の一般的な捉え方はそうであった。

このように終戦後の日本には十分の理由があって、それは今となってもただ理解できるという以上に、場合によっては非常に同情さえ禁じえない状況であったとも言えよう。しかしそのようであるという事実と、政教分離という世界史的に見ても本来多大の議論と身命を賭す戦いを強いられてきた課題が、日本ではいわばほとんど無言のうちに、気がつくまでもなく素通りで収拾されていたという事実とは別問題なのである。ここでは以上のような精神的な大転換の瞬間を、それとは意識しないで、敗戦の慌しさの中で過ごしてしまったという状況を改めて把握しておきたいと思う。

このような状況は今となっては遅きに失してどうしようもないというのであれば、いまさらここで昔の問題を蒸し返すのは愚の骨頂にすぎないだろう。しかしそれはそうではない、というのが筆者の立場である。なぜならば、何もそれほど短兵急にことが不可逆的に決定されるわけでもないと考え、その分急がば回れと、少しは気持ちの余裕もあるからである。まだまだ巻き返しは十分可能だと考えているのだ。戦後七〇年近くの間違いを本当に是正してそこから這い上がるのには、やはりそれなりの時間をかけざるをえないと思うのである。それは、他の多くの人間社会の諸問題と同様であるとも言いうるし、宗教だからといってそこには何も格別に神秘的な事情はないと考える。

2　何が問題なのか

それでは日本の状況の何が問題なのか、という設問に正面から向かわなければ、本論の意味は解説以上に出ないことになる。今日の日本に、とくに心のあり方に――あるいは少々大上段な印象で言葉の好き嫌いは別として言えば――精神界に、問題がないと真に考えている人はほとんどいないはずだ。その問題の深刻さを受け止める程度や、ましてそれが持つ歴史的な根の深さの理解には相当差があるとしても、である。「衰退する日本」が最近は「病める日本」と海外紙では評されてもいる。

自殺の日常化、心の漂流、生きがい探し、学校教育のあり方、家庭の役割、などなど国内には精神界関連の諸問題が突きつけられない日はないくらいである。さらに加えて、国際社会での日本あるいは日本人の特異感であり特殊感もある。巨額を投下しても感謝はあまりされず心の通じない空回りの援助策、三つのエスで知られる日本人（スリープ、スマイル、サイレンス）など、違和感を持って取りざたされることが少なくない。とあるアラブの国と日本は共同で大型のプロジェクトを実施し、そのための開所式にアラブの王族が列席しているのに日本側はVIPが誰も出席しないので、アラブ側を失望させた事例が最近起こった。生身の人間の接触の大切さを失念していたのであった。

もちろん一般に他国民を賞賛すること自体あまり耳にしないし、国際社会がそれほど甘いわけでないことは自明の理である。それは国内と同様に、あるいはそれ以上に、ほとんど厳密な掟などない弱肉強食の競争社会であるからだ。しかし、それにしても日本人といえば一つの壁があり、異質感を持って見られがちであることも否めない事実である。

要するに、国内外で、仲間的な互いの共感に欠け、安心感を覚えることが少なく、ありていに言えば、人間味や人間性涵養において欠けるところがあるのではないかと、自然と疑問視される状況なのである。以上のような広範な、しかも無定形でどうにでも言いうるとも思われる諸問題を、一網打尽に把えてしまうのは慎重でなければならないだろう。しかし筆者が別に新しく提起している問題でもないことも明らかであろうし、多数の人は直ちに理解し、了解されるのではないかと考える。そのように厳密には定義しにくいとしても、問題の所在は確かであるという類の話もこの世には少なくないので、これ以上詮索せずに議論を前に進めることとする。

以上に関して、視点を変えてみよう。

それは、一つには日本における倫理道徳の問題としても取り上げられている。これについては多くの人の経験から見ても、まさしく日本は漂流を続けてきたのだ。学校教育で倫理道徳をどう取り上げて教えるか、右往左往の状態を戦後世代は目の当たりに見せつけられてきた。戦後長くは、そのような科目がそもそもなかった。しかしやがて反省の時期に入り、ようやく科目が設けられて教科書も出回りはじめた。しかしそれがそのような大変な躊躇の産物であり、また教科書を見てもおっかなびっくりで書きおろされていることは、子供心にも直ちに感取されたのであった。

確信ある道徳律は今の世にはないのだろう、などとすごんだ表現ではないとしても、そのような印象を子供心に感じて大きくなったのが、戦後世代である。他方でしきりに言われたのは、日本人はエコノミック・アニマルだということだった。なんという恥辱であり侮蔑なのであろうか。しかし、しかしであるが、ほとんどその用語は、深刻な反発を呼んでいなかったことも子供心におかしなことだと映ったのである。それはおそらく、確信の持てる道徳律の欠如と表裏一体の問題としても薄々に、あるいは、言わずもがなに幼い頭にも了解されたのであった。

この程度にまでは、多数の出版物が出され、論争がすでに行われてきていると思う。ところがそれよりももう一歩突っ込んで、かかる倫理道徳上の議論の奥に潜む日本の宗教事情、とくに戦後の宗教忌避の状況について、突っ込んだ思考と思想的挑戦に挑んでいる話をかつてほとんど耳にしたことはないのである。もっと言えば、その課題は一種タブー扱いされてきていると言っても過言ではないだろう。宗教アレルギーは戦後日本の社会を風靡してきた、大きな柱でもあるから、と言ってしまえばそれまでである。

人の精神面の十全な涵養とそこに果たすべき宗教の根源的な役割とは何か、などと肩を怒らせるほど、筆者は新しい問題を提起しているわけではない。新しい側面があるとすれば、この指摘と注意喚起を改めて行い、それを時代が移りはじめているこの時点でできるかぎり明確に行おうとしていることにある。

宗教抜きで、真の人間は生まれるのか？　生まれないとするのが信仰の立場である。それはどうしてそうなのか？　換言すれば、どうしてそう考えないのであろうか？

一つの大きな元凶は、現代文明における人間理解の仕方にある。巨大な話だが、これは避けて通れないのである。西洋近代科学の基礎は、実験、実証にあり、そこでは目に見えないものは勘定に入らないし、信用すべきでない、という姿勢で貫かれることとなる。科学は重要でありこのような姿勢は崩せないとする力が、西洋近代文明を作り上げてきたし、それを追うことに躍起になってきたのがわが日本であった。

ところが、見えない真実もあるのだ。実験によりフラスコの中で実証できなくても真理はある。これも重要な、人生の半面なのである。それは相当無定形で、無定義で、無限な半面かもしれない。これは近代主義的には、極めて危険な領域である。近寄る必要もなければ、そのメリットなど何もなさそうだと判断するのが、「まともな」感覚であったと言えよう。

しかし、そんなに怖がることもなければ、自分の心を強いて曲げることもないのではないだろうか。人には直観があり、それに教えられてきたことも少なくないのである。例えば、昔から殺気を感じるという表現があり、多くの人はそれによって危険を教えられ、回避することもできたのであった。殺気は加害者の脳波であるのか、何かは証明できなくても、それは存在し人に察知されてきたのであった。

あるいはまた、世の中には人には手が届かず何とも仕様のないことが多々あることも、われわれは知っている。天変地異や全くの事故などであるが、結果としてはそれらには良いことも、悪いことも両方ある。そしてそもそもことの良し悪しを人間が判断できるのは宇宙のごく一部であり、多くは損得を離れた次元で人が左右できない事態が生起している。しかもそれこそは永続的なのである。良し悪し、あるいは損益が人生全体で見て、あるいは人類全体で考えて、実際のところはどうなのかという問題も、人の判断を越える側面が多い。要するにポイントは、見えなくても永続的な事柄が多々あるのであり、それを正面から認めるということであろう。そしてそれらを包括して、宗教と呼ぶのである。

そしてこのような人間理解とさらには宇宙存在全体の理解にもとづいて、世界を見回し、見直してみたいのである。そうする時、人はすでに宗教の抱擁の中にいると表現できるし、そのような素直なあり方自体を宗教的に言えば、唯一にして最高、最強の善であると確信することが信仰なのである。またそれを仏教的には縁起と言うし、イスラームでは絶対主アッラーの差配と捉えるのである。筆者はそう考える。

3　日本人はどの程度に無宗教か？

では、日本人はそもそも無宗教なのであろうか？　このように正面切って問われると普通なら、日本人はそうではなく、日本独自の信仰の仕方がある、それは激しくはないし、静かで多分に習慣的な面もある、云々と答えるのではないだろうか。他方そう言いつつも、そう言う人たちも同時にそれほど確信が持てるわけでもないというのが実際であろう。

宗教的に熱心な人や民族は世界に多いが、その一部であるアラブ人から見ると日本人はほとんど無宗教なのである。長年日本に住んでいれば、それも観察が細かくなって、いろいろのケースがあるということにも気がつくはずである。しかしそれでも全般的には、残念ながら白黒の結論は大きくは変わらないのが普通である。

アラブ人の場合はあまり日本の歴史をしっかり学ぶ機会もなく、そのためのアラビア語の資料もないことが不利になっていると思われたので、非力ながら筆者はアラビア語でそのあたりの事情を説明した簡潔な書物をベイルートの本屋から出版したことがあった。[1] 当然、日本人擁護論が趣旨ではない。趣旨は、事実の陳述とその正確な理解ということ以外にないのである。下手な擁護論などは、誰が見てもすぐに衣の下の鎧がちらつくのが落ちである。

そこでは本論の冒頭のように、太平洋戦争前と敗戦後の非常に特殊な激動を余儀なくされた歴史的経緯を説明し、現在という一時点だけを観察して結論づけるのはあまりに安易であり、短絡的であると、まず警鐘を鳴らした。さらにそれに引き続いては、日本的宗教性といってよい信仰心の発露のあり方に論を及ぼした。それはいくらも歴史を遡ることができるが、当面、鎌倉時代の激変の世の中に日本的宗教が本格的に発育し、その霊性に火がついたとする鈴木大拙の説を大いに援用させていただいた。[2]

その骨子は、日本人が持っている清純な心、清い気持ちが日本的霊性の基礎をなし、それが救済を求める心であり、さらには日本における浄土教にも禅宗にも通底している魂であると説いているのである。

清純な心は、主として江戸時代以来広く知られている、念仏一筋で信仰一途のいわゆる妙好人によって表現されていることも紹介した。それはやはり、イスラームでも篤信家（ムタダイイン）とされる類の人々がいつの時代にも知られているからである。江戸時代に大流行したのは、お伊勢さん参りであった。それは観光旅行的な側面があったにしても、純正な信仰行為であり、日本式巡礼であったことも間違いない。少ない路銭を手にして出発しても道すがらの寄付によって、江戸に戻るときには余るほどに財布が一杯になっていたなどという話は、今聞く人を感心させるものがある。

しかし仏教は江戸時代に幕府の民生統治に利用され、明治以降は神道が同様に国家目的に資するという運命を辿ることとなった。その挙句が敗戦となり、宗教アレルギーの病にかかってしまったのだ、とそのアラビア語の本を閉じた次第である。

わずかながら、その拙著を読んだアラブ人は、相当感銘を持って日本の宗教状況を見直してくれたようである。しかし当初の日本人の宗教性いかんという設問の解答は、やはり辛口なケースが多いようだ。過去は過去で、現在の状況は現在の問題という仕分け方もあるとは思うが、それにしても日本人は宗教とはかなり縁遠い民族と見られがちなのである。

この設問は実は筆者自身も、内心ぬぐいきれていない面が強いのが正直なところである。それはマッカへ巡礼して激しい信仰の場面を通過するにつけ、ますます強まったことであった。焼けつく日中に、半日間砂漠のような谷間で、礼拝と悔悟の時間をすごすアラファートでの留礼という儀礼に臨むときなどに歴然とした。その間を通じて、できるだけ、そして大泣きをするほどに悔い改めよ、とされるのである。見ると大の男が、ボロボロと大粒の涙を流し続けているのである。よく知った人で、日ごろ真に善人と思っていた人も同じで、そんなに悔悟しなければならないようなことがあったのかと、訝しくもなってしまった。その人は自らの内心と闘っているのであった。

そう思うと、今の日本人の罪の意識は遥かに薄いのではないだろうか、と考えざるをえなかった。そして日々の生活の中では、日本人特有の律儀さや勤勉さが前面に出るのが普通であろう。真実の一面として永劫性であるとか、より絶対的な側面に着目するということを前述したが、日本人の間ではそんなことよりは周囲への配慮や遠慮を尊しとする気分が強くなる。信仰を持つなどとは、気が弱い、変わった人だ、そして協調性に欠ける、などと見られがちなのである。

では、信仰心は民族により、あるいは個々人により、平等に賦与されていないのであろうか？　人が平等でないと教える宗教はないだろう。しかしその平等性はおそらく完全ではないし、細かく見た場合に完全である必要もない。また異なる環境が人を取り巻いている事実を見ない人はいないだろうが、宗教心を触発する環境や機会も一〇〇パーセントの平等はとても期待できない。

人は不平等に生まれていると正面から言い放つのは危険で有害かもしれない。しかし言葉を濁しても始まらない。権利の平等と能力の不平等は別物として両者とも事実であり、それは天賦の事柄である。芸術に天才あり、宗教においても然りなのであろう。ただ芸術の成果は多くの人が享受できるし、またその活動にも参加できる。宗教も然りと言えよう。いろいろな人がいるのが人類であるし、誰しもがマラソンで世界記録を打ち立てたら面白くもないし、競争意識も萎えてしまうであろう。

4 信仰は正しく生きる意志

宗教志向の心は、絶対主であるアッラーが人間に与えられた天性の一つであると解するのがイスラームの立場である。仏教でも仏性は誰しも持っていると言うようである。同時に誰しも持ち合わせているのは、生存本能の働きである。言葉に出そうが出すまいが、誰しも本能として生き延びたいといつでもどこでも願っている、そのように創られているから不思議である。もちろん進化論的に言えば、そのような願望の強い種、あるいは個体だけが生き延びてきているとも表現できるのであろう。

この生存本能は、おそらく最後には自分一人でも生き延びようとする、大変利己的で動物的な側面も十分持っている。それだけに、利他的な犠牲心などが、賛美されるということにもなる。広い人類愛、慈悲の心など、即席では達成できない心境を目指すということにもなるのである。それは克己の精神を涵養するということである。

これは一つの仮説であり、それ以上のものとして筆者は主張する意図は全くない。しかし主張しようとしているポイントは、信仰は生きることと一体であるということである。しかも正しく、有意義に生きたい願望とも直結しているのである。それは素直な心と、肩を張らない生活態度を保持できる人、あるいはそのようなあり方と環境を維持できる人ならば、誰でもが立ち入ることとなる精神界なのである。鈴木大拙流にいうならば、それは清純な心の発露に他ならない、ということになるのであろう。

宗教抜きの道徳倫理は、友情、愛情など、どの部分を取っても、結局つまるところ損得論や便宜主義に陥ってしまうのである。見方を変えれば、相手に迷惑をかけない、だから遠慮と協調性を心がけ、他方で同時に適当に自己防衛をしてバランスをとるといった工夫に終始するのである。このことをわれわれは嫌というほど、毎日見せつけられながら生活しているのだ。そして今日の日本で、それが行き詰まっているのである。自分で自分に嫌気が差している、というのが当たっていると感じる人も少なくないだろう。

人間界だけに終始している限り、どうしてもそれは浮き草のようになってしまうのだ。そこから、自殺に走る人が出るのは不思議ではない。

それほどに人の生命を淡く軽いものとして見て、一時的な偶然であるとしなければならない理由は何もない。他方で、何も威張って尊大になろうということでも、もちろんない。要するに新しいバランスの探求であり、その教えが宗教ということでもある。

近代科学では実証の重視から、見えない物事を検討の対象から外すことについて前述した。でもそうであるという事実は、けっして科学の価値や成果の重大性をないがしろにするものでないことは論を俟たない。そこでもやはり、ポイントはバランスということである。イスラームについて言えば、科学が進めば進むほどにアッラーの不思議な威力が判明してきていると考えるのである。知識を重視し、学習を尊ぶことはイスラームの本質的な部分でもある。それはアッラーの偉大さと絶対性、唯一性をますます知ることでもあるからだ。

多くの日本や欧米の科学者は現在、この点をどのように考えつつ、日々研究に従事しているのであろうか。なぜか筆者には、イスラーム信徒の科学研究にいずれの日か軍配が上がるような気がしてならない。現代の科学は、個別的なことがわかればわかるほど、全体的なことがわからなくなっているのが実情ではないだろうか。それが不思議であり、それに恐怖心さえ伴わないとしたならば、それは人として尊大で畏怖の念を忘れたようにも思えてくるのである。

5　何をどうするのか？

そこでいよいよ、以上に見てきたような状況に日本の社会が陥っているとすれば、何をどうすればよいのか、という設問に向かわねばならない。そのような処方箋を思案する前提として、はじめに言及しておきたいことがある。

それは、宗教を語る際にそれぞれが持つ幅とでもいうべき問題である。人の大半の活動と同じく、宗教にもさまざまな関与の仕方がある。ただ習慣的に参加するパターンから、熱心に指導者として寄与し貢献するパターンもある。宗教への関与の仕方についてそれを整理分類する方法として、次のような見地があることを知っておきたい。

それは三つに分けてみる仕方である。第一には、心の中の問題として宗教信仰を持つことで、これは英語だと、ビリービングとなる。第二には、その宗教社会に所属して、さまざまな行事や儀礼などに従うことで、これはビロンギングとなる。第三は、当該宗教の持つ服装や社会慣行に従うことで、これはビヘイビングとなる。英語だとこれらの三つがいずれも「ビ」で始まっていて、うまい語呂合わせになっているところが味噌である。

これらの三つの態様やパターンのいずれであれ、宗教行為であると見るというのである。宗教を内心の信仰とだけ狭く理解するのではなく、間口をもう少し広げて捉えるということである。外見だけを整えることも対象とするのは躊躇されるかもしれないが、本論でもほぼこの整理に従って考えを進めることとしよう。

なぜならばそれら三態様の区別のために厳しい線引きをするのはおそらく困難で、またほぼ恒常的にその線は移動し変化しているとも了解されるのである。さらには、普通には宗教色が濃厚だと思われているイスラエル国民に対するアンケート調査によると、ほぼ七～八割の人たちが神信仰は持っていないが、ユダヤ教の諸行事には参加し、食事などの戒律も尊重するとの結果が出ているそうだ。このような雑多な関与の仕方を包容しながら、実際の宗教社会の維持と信仰の深化が図られているという現実もある。

以上を踏まえつつ、それでは一体何をどうすることがこれからの日本に期待され、何が有効なのであろうか、という点である。まずはこの方面で何をするにしても、将来は容易でないと見られることから再確認しなければならない。これは、日本で心の問題が相当叫ばれながら、ほとんど決定的な前進が見られていないことからも明らかである。筆者が見る限り、その解決と対処法には問題の本質の歴史的な理解と人間の本性に立ち戻った、本腰を入れた対策でない限り上滑りの結果となり、ほとんど自己満足以上の効果は期待できないと信じる。

最大の困難は、宗教を教えられる先生があまりいないということである。公的機関での宗教教育は憲法上禁止されていることは誰しも知っている。ここで憲法改正論を持ち出すのは場違いだろう。しかし教えられる人材がいない以上、それは法的に認められるかどうかということより、文化、文明の問題として深刻極まりない問題なのである。いわば日本人は外国語習得を得意としないのは、外国語に熟達した先生があまり多くないからというのと同じことだ。話が飛ぶようだが、アガサ・クリスティーの推理小説『オリエンタル急行』では、乗客全員が同一犯罪の犯行者であったので、皆で口裏合わせをして捜査が難行した様が思い出させられる。

そこで希望的な発想としては、学科の中で平等な形で宗教というものをもっと教えられないか、といったことも考えるし、礼拝など一部儀礼の実施を平等に認めるのも本当は必要であると考える。宗教上の儀礼参加の時間は、自由時間にするという米国流の仕方もある。その時間帯に各自が自らの組織に行って、儀礼を済ませるのである。そのような儀礼参加を前提としていない学校教育を実施している日本は、実際のところ連合軍の本国以上の措置を取っているということにもなっているのである。

次はさまざまな施設には、もっと礼拝の空間を確保しても良いと考えているのは筆者一人ではないだろう。なぜならば欧米、あるいはお隣の韓国でも、空港などに設けられた礼拝室は、かなり見慣れた公共施設と化してきているからだ。

別の例として、公共放送であるＮＨＫの「心の時間」という番組も再考されてよい。どうしてそこでは仏教、キリスト教が中心で、少々神道が出てきてイスラームはゼロということになるのであろうか、と訝しく思った。もちろん他にも無視された宗教は少なくないので、その関係者は同様の不満と不快感を持たれたであろう。ただし筆者はその番組が好きで、よく見ることとなった数少ない番組ではある。そのように、どの宗教でなければいけないということを言っているのではない。もっと間口を広くし、それはなかんずく、日本における宗教的、精神的危機に直結しているのだという現状をきっちり踏まえ、また理解するということから出発していないからそうなってしまうのである。何か高齢者の日曜日の慰労番組として見る眼が勝っているのであろう。

それと日本でも是非実現されてしかるべきは、しっかりした国際的な宗教間対話の場の開催と、そこから新鮮かつ鋭い国際的な宗教的息吹に触れるという必要が大いにある。この種の対話は、いずれの宗教も現在熱心で、これに立ち遅れ、乗り遅れるのは、いわば幕末の鎖国論の類である。

以上のいずれの側面をとっても、日本でこれからイスラームの持つ意味、大げさに言えば歴史的な責務の内容は明らかである。それは現代世界で最もみずみずしい活力を発揮している宗教の良き薫陶を受けるということである。宗教学には当然いろいろの学者や研究者がいるが、米国ではかなり経済学から宗教学へ移った人がいて、宗教学における経済学派というものを形成している。それら経済学出身の人たちの新しい主張は、宗教も経済も同じ現象を示すというのである。言い換えれば、競争こそは切磋琢磨の機会を提供して、磨き上げもし、活発化に最善の刺激になると言うのである。

このような主張もそのまま適用できると考えるのは、相当軽率のそしりを免れないだろう。しかし同時に、随分の真理も含んでいる点は注目しておきたい。イスラームが日本というなかなかの難物社会を相手に、どのような機能を発揮し成果を挙げることになるのであろうか？

これはもちろん、二一世紀の小さくない問題であり課題である。なぜならば、世界の潮流に沿った話でもあるからだ。そしてイスラームの「日本市場進出」にあたっては、日本固有の問題を担っていることもすでに十分明確になったかと思量する。

6 イスラームの立場から

そこで最後に、イスラーム固有の立場に関して国内と国際の二つの視野からの諸点を取り上げて、本論を閉じたい。

(1) 国内的視野から——ムスリムの責務

前節までのように一般論的な筆致で書きつつも、同時に宗教は個人の問題でもあるので、日本がどうなろうと自分は変わらない、という信念も持っているし、持ちうるようにしてくれるのが信仰であることは、多くのイスラーム信者の気持ちでもあろう。とはいっても誰一人として、全国に広がる日本人信徒幾千あるいは幾万人を代表して代弁するのは困難だし、信仰上そのような立場にはないのである。したがって以下に記すのは、筆者の立場と制約を越えるものではないことを明記しなければならない。ただそのような限界を前提としても、一つの理解への窓口を開けたいという希望を持っている。それは率直に記すという一言に尽きる。

まず日本でイスラームが本当に広く支持され、普及すると考えているのであろうか。この点については、まずありえないと思うのが普通である。それは諦めというような卑屈なものでもない。まず宗教全体がいわば長く続く不況の真っ只中にあるという事情である。イスラームだけが困難なのではないことは眼に見えている。すでに言及した、宗教的なアレルギー現象である。

それと日本においてキリスト教が直面してきた諸問題と困難性も、大きな教訓として意識されている。明治以来の長い歴史と、内村鑑三や新渡戸稲造といった超一流の指導者たちの懸命の努力にもかかわらず、さほど大きな成功は収めなかった。キリスト教系の学校を卒業した日本人の数は約一〇〇〇万人に上るが、信者の数は一〇〇万人に至っていない。

では最初からイスラームは日本では、風前の灯だということではないのか。そうかもしれない。しかし信者の立場は、だからこそしっかりしなければならないということになるのである。キリスト教、仏教、神道など諸宗教との「競争関係」こそは、最善の刺激となるとの前述の学説を適用するにはあまりに彼我の差は大きいが、互いに良い影響を与えることとなるのかもしれない。

他方でムスリムの心としては、日本で大躍進がなくても、慌てなければならないというわけでもないのである。時間がかかっても、すべきことを行っているということが唯一大切なことなのである。ボチボチであることは何も悪いわけではない。

ここに至って強く感じられるのは、近代文明、それも欧米中心の近代化主義の見方や価値観は、よほど進歩という観念に支配されてきたな、ということである。明日は今日よりも良くなければいけないし、次の世代は今よりも良くなっていなければおかしい、という感覚なのである。物質的な側面はそのようであるとしても、人間そのものは大きく様変わりするわけではけっしてない。

このように永劫の観念が心の柱となった、ゆったり感覚、各駅停車の楽しみはイスラームに秘められたものであり、独自の力の源泉にもなっているのではないかと言いたい。ところが、この点については、いやそうでもない、やはり善は急げ、であると考える信者がいても不思議ではない。だから筆者は全員を代表しているものではけっしてない。ただし、ゆったり主義が広く浸透していることは事実であり、それはイスラーム固有の事象として特記に値するということは否定できない。

次には、確信はしていても風前の灯のような日本のイスラームは、いったん視野を世界に広げると俄然気持ちを持ち直すのである。統計的に、あと四半世紀もすると、世界人口の四人に一人はムスリムということになる。世界最大の宗教ということである。それほどに国際社会では主流であり、多勢であり、どこへ行っても仲間に不足しないという状況なのである。

世界の主流であるとの自負心は、けっして虚勢でもなければ、張子の虎でもない。厳然たる事実であり、十分認識していないとすれば、常識の問題であるとも言いうる。また日本の精神界における開拓的役割を担っているとの自負心を持っている人も少なくないようだ。また学べば学ぶほどに、個人的にも世界の文明の流れを継いでいるという誇りも持ちうることとなる。要するにムスリムはやりがいがあるというように受け止めている信者が多いということになるのである。

そのような中、一番迷惑に感じているのは、テロ活動とそれがあたかもイスラームと同一視されがちであるという昨今の兆候である。まずテロ活動とイスラームとは、元来異質であり水と油の関係であるという振り出しに戻る必要がある。テロは追い詰められたと感じる場合に見られる現象であり、そうなるとどのような思想であれ、溺れる者は藁をも摑むという手段を講じることになるのである。イスラームが教え諭すところは、実はテロとは全く正反対の、人間界の和やかさという意識と価値観である。ところがそのような側面や状態には、全く報道カメラのシャッターは下ろされてきていないのである。そもそものようなあり方の存在自体もあまり知られていないであろうし、知ったとしてもニュース・ヴァリューがないのであろう。

昨年九月末、世界宗教者平和会議という国際NPOとその日本委員会の主催により、「イスラーム指導者会議」が京都で開催されたが、それには多数のイスラーム諸国代表が参加した。

そしてその場で日本のイニシアティブもあり、「平和と共生のためのメッセージ」が発出された。その中では、イスラームは平和の呼びかけであることを改めて宣告し、テロと直結するかのような報道ぶりに対しては、慎重さと理解を求める一文が挿入された。しばらく世界を駆け巡った過激派の嵐も、いよいよ主流たる穏健派の活動により、席巻される兆しが感じられる会合となった。

イスラームが紀元七世紀に急速にアラビア半島から出て躍進したことは、世界史の学習で誰しも知っているはずだ。それはクルアーンを片手に、剣を片手にして行軍したからではないのだ。ここからは世界史には出てこないだろうが、それは周辺の諸民族にイスラームの教えの正しさが納得され、なかんずく信者の言動のすばらしさに驚嘆させられたからなのであった。夜明け前に起きて、静かに祈りを捧げる姿を見て、誰が感銘を受けないでいただろうか。あのような人たちと親交を深め、できれば仲間入りしたいと望んだのであった。そうでなければ、一四世紀間にわたって信奉され、今日も一三億の人たちの生涯の灯火としての大役を果たすはずはないのである。

まさしくここに、現在の日本人ムスリムとムスリマの求める点がある。正しくありたい、一層良くありたいと願うからこそ、学習もし、断食にも嬉々として加わるのである。もっと意欲的な人は、日本社会で模範を示すべきだとも考えている。それは周囲を見てそうするのではなく、アッラーとの誓約にもとづいて行うのである。このような行動基準を設定すること自体、協調と周囲への気配りを断然優先する、従来の日本の行動パターンに新たな側面をくわえることでもある。

そこで次の日本人ムスリム、ムスリマのちょっとした課題は、そうは望んでも実際はなかなか完璧には実行が難しいという現実である。それは日々の食事内容、日本社会での付き合いの縛り、子供の教育、あるいは他界した人の遺体の処理方法などいろいろあるといえばあるのである。しかしそれらは一歩ずつ改善されていると言える。それへの惜しみない努力も蓄積されてきている。それとまた大前提であるが、できる限りの最善を尽くすことは求められても、善意と尽力がある限りは、信徒としての義務は果たしているという教えなのである。つまり完璧さは必須条件ではないのだ。

信教に強制はなく、信徒の過ちは悔悟する限りにおいて赦してもらえるのである。このようなことはクルアーンにも明記され、信徒の生活の日常感覚に一瞬一瞬生きていると言えよう。(3) それにもかかわらず、信仰の弛緩や逸脱を許さず、歴史上、随時起こされてきた更新や改革などの運動を通じて、いつも浄化されてきたことも真に驚嘆に値する。イスラームには聖職者は存在しない。そのことは信者一人一人の責任感を問うこととなる。そしてそれはムスリムたちの日常感覚の強い一側面として現実に息づいているのを、日々目にさせられるのである。

もう一つ看過できないことは、その金銭感覚である。ムスリムにとって最善なのは、必要なだけが充足されていればよしとする、基本的には清貧な状態である。蓄財は限りあるこの世への執着として、信仰の敵でもある。ただしそれの使途がマスジド建造などとなれば、その限りではない。また貧者への喜捨は義務であり、それは善行として信者の喜びでもある。こんな全く非エコノミック・アニマルな価値観は、戦後日本のあり方とは正面から衝突している。しかしそれがムスリムにとっては、自然であり教えに従うことであり、溢れる日常感覚の一端であるのだ。そこでは信者間の共鳴と共生の実感を伴っている。

以上のような心構えと願望を持ちながら、細い一筋の光としてではあるが、日本でもイスラームは延びつつある。それはムスリム、ムスリマ一人一人の救いであると同時に、日本社会全体の脱皮の一幕でもあると、私は考える。

最後に触れたいことは、イスラームは間違いなく日本人の精神生活をいっそう豊かにすると見られることである。他方それは、けっして日本を席巻するほどの勢いを得るものでないことも事実である。他方でそれを排斥した時の精神的なダメージはかなりなものであることも間違いない。第一、世界の流れから自分を振り落とすこととなり、それは事実上の精神的な鎖国政策となるのである。

そして以上の結論はただにイスラームの立場からではなく、それから離れて客観的に支持されうることを改めて言う必要は最早ないと思料する。

イスラームは日本の精神生活をより豊潤にする営みであり、国際標準にも適合させうる働きかけであると明澄に認識し、新たな文化社会の幕開けを迎えたいものである。

(2) 国際的視野から——イスラーム穏健派・中道派・自由主義の立場

最近、国際場裡においては、穏健派や中道派、あるいは自由主義といったことがよく聞かれるようになってきた。これらの動向も念頭においてこそ、日本国内のイスラームのあり方の議論も生きたものとなってくる。

その背景として次の事情がある。つまり二〇世紀の八〇年代以降、いわゆるイスラーム過激派の考えかたや運動が世界を騒がせてきた。外国人観光客を対象にしたものから、究極は、二〇〇一年九月一一日のニューヨーク世界貿易ビルを狙った同時多発テロ事件があった。それらは、イスラームの名前をかたることが多かった。

しかそのような事件によって、過激派の考え方と活動に対する世界の見方ははっきり変わった。きっぱりとけりをつけようと鮮明な方向が打ち出され、それは広くイスラーム諸国においても支持され、積極的に推進されてきている。

こうしてイスラームの中からも新たな思潮を目指す動きが出てきた。過激派の思想に追いまくられてきたことへの反省でもあるが、本来のイスラームの温和で中庸を重んじる考え方や姿勢を今一度、確認し定着させようというものである。クルアーンには、「あなたがたを中庸（ワサト）のウンマとする」とある（雌牛章二・一四三）。日本ムスリム協会の意訳では、これをわざわざ「中正」と訳した。アラビア語の格言には、「最善は中庸にあり（ハイル・アルウムール・フィー・アウサティハー）」というのがある。

●穏健派

穏健派という表現は、過激な事象に対置される立場としての一般名称である。したがってイスラームの特定の思想や学派を指しているものではない。アラビア語だと、穏健は、イウティダールである。それはバランスが取れた、という意味でもあり、そうなると次の中道派と実質的に重なってくる。

●中道派

中道とは仏教起源で、中間を行く道である。儒教でも中庸が説かれるので、これはイスラームの専売ではなく、おそらく広く人の生活の知恵にもとづく面も強く働いているのであろう。

九〇年代のエジプトでは、あまりの過激派の横暴ぶりを見かねたムバーラク政権は一連の弾圧措置を取ったことがあった。その結果、それまでは原理主義の主張で知られていたムスリム同胞団の中から、より穏健な人たちが離れるかたちで一つの党派を形成した。それは中道党

（ヒズブ・アルワサト）と命名された。ただしそれさえも時の政権からは睨まれて、結局選挙に出馬できる正式の政党としては認められなかった。

また最近は、パレスチナ運動の一つの動きとして、中道主義（ワサティーヤ）という名称で推進されているものがある。まだ形成過程であるが、これもパレスチナ運動、さらにはイスラームの流れとして過激なものを排して、より穏健なあり方で問題解決の道を探ろうという姿勢である。

ワサティーヤの弱点としては、たしかに建設的な発想として評価されるとしても、思想としては固有の内容をあまり提示できないまま、下手をすると結局、中庸を説くだけに終わる恐れがあるということだ。

しかし右の弱点は、中道主義全体の問題点でもある。中道を歩むことにより、何を積極的に求めようとするのかが鮮明にされないと、広範な指導理念としては迫力に欠けるということである。これはあたかも、日本の掲げる平和主義と同様といえばわかりやすいかもしれない。平和を掲げるのは結構だが、ただ戦争がないというだけではなく、平和により希求すべき価値を鮮明にしないと、結局、事なかれ主義と重なってくる恐れをはらんでいるというのが泣きどころである。

●自由主義

以上に比較すると、自由主義の求める目標はもっとはっきりしている。自由主義はヨーロッパの伝統的な理解では、個人の自由と平等を中心的な価値とする。そしてさらには、国家権力の制限、個人主義と私有財産の保護、さらに基本的人権の擁護、議会民主制などを含む場合もある。

他方、中東では当然歴史的背景が異なるので、独自の内容を求めることになる。それはイスラーム信仰に関して基軸は不動であるとしても、現世的な事柄については自由に現実に対応した考えを持つ立場を指している。そしてもともとイスラームに自由や平等の価値は含まれているので、正義、男女平等などが強調される。さらに同時に、西欧の個人主義、基本的人権などの諸価値も受け入れるのが通常である。それに加えて、工業化、都市化、技術革新、宗教多元主義、大衆社会、民族国家など近代社会の指標となる諸点とも協調関係を保つ立場である。西欧の思潮をそのまま中東に適用しようとする一部の人たちを除けば、現在では中東はもとより欧米の識者たちも大半は、この中東版自由主義のカテゴリーで動きを捉えるのが主流となっている。

こうして二〇世紀前半においては、中東版自由主義は西欧文明摂取の促進役を果たし、後半期においては過激派に対抗する役割を主として担ってきた。しかし時代を通じて明らかな共通点は、繰り返しになるが、イスラームの諸制度や諸法律を解釈するにあたって、歴史的な視点を重んじ、柔軟に考え対処するということである。

クルアーンに約六〇〇〇の節があるが、そのうち法的な規定を含むものはせいぜい一〇〇から二〇〇しかない（シャリーア）。それでは不十分なので法学者がさまざまな伝承や慣行も含めて考案したのが、イスラーム法（フィクフ）である。つまりそれは人造の産物なのである。そこで、過去には過去の価値観があり、杓子定規な現代への適用には無理があり、したがって新時代においては新たな解釈をする必要があるということになる。そしてそのような工夫や思索は、そもそもイスラームの中で想定され、認められているというのが自由主義の基本姿勢である。新たな解釈（イジュティハード）は正面から認めるということになる。

●問題点

一概に自由主義者はその名のごとく、自由な振舞いで通しており、過激派に比べれば組織化が進まず、したがって統一的な指導者も存在しない弱みがある。

日本では明治の昔、板垣退助が刺客に会った時、「板垣死すとも、自由は死せず」と叫んだことが知られる。しかしそれでも日本語で自由主義というとどこかよそよそしい響きがある。アラビア語でも、リーベーラーリーヤと言って、英語をそのまま導入して表現され、アラビア語になりきっていない。ちょうど民主主義のことを、ディームークラーティーヤと言うようなもので、アラビア語化されない分、感覚的に同化しきっていないと言えよう。

しかし名称は何であれ、イスラームの本来のあり方であるという信念に貫かれている以上、しばしば過激派よりも強靭だとされる。つまり自由主義も決して非イスラームではないのであり、それどころか過激派に比較して、さらにイスラーム的たろうとしているのだ、との主張も聞かれる。

イスラーム過激派の影響は迅速で直接的であったとしても、自由主義のそれは全くそのような即効性を伴っていない。人によって主張する内容は異なるし、比重の置き方もさまざまである。そこで世界に広く統一見解を打ち出せるような、偉大な自由主義思想家の出現を期待する声も国際的には少なくない。

こんな中、いまだに日本では自由主義の萌芽もしっかりとは芽生えていないと見られる。それは今後増大するイスラームの中で、日本でも良きバランサーとして成長するのであろうか？またさらには、日本版自由主義者たちが日本の蘇りつつある精神界の新鮮な立役者としても、少なからぬ貢献を果たすこととなるのであろうか？

今後の課題は大きい。

注（1）　拙著『日本の諸宗教―過去から未来へ』ダール・アルクトブ・アルイルミーヤ社、ベイルート、二〇〇七年。（アラビア語）

(2) 鈴木大拙『日本的霊性』岩波文庫、一九七二年。
(3) クルアーン「宗教には強制があってはならない。」(雌牛章二・二五六)、「アッラーは誰にも、その能力以上のものを負わせられない。……主よ、わたしたちがもし忘れたり、過ちを犯すことがあっても、咎めないで下さい。」(同章二・二八六)

参考文献

Hick, John, *The Fifth Dimension, An Exploration of a Spiritual Realm*, Oxford, 1999.

Morimoto, Abu Bakr, *Islam in Japan*, Islamic Center Japan, Tokyo, 1980.

Ward, Keith, *In Defense of the Spirit*, Oxford, 1998.

板垣雄三『イスラーム誤認—衝突から対話へ』岩波書店、二〇〇三年。

井筒俊彦『コーランを読む』岩波書店、一九八三年。

河田尚子『日本人女性信徒が語るイスラーム案内』つくばね舎、二〇〇四年。

黒田壽郎『イスラームの心』中公新書、一九八〇年
小杉泰『イスラームとは何か』講談社現代新書、一九九四年。

小村不二男『日本イスラーム史』日本イスラーム友好連盟、一九八八年。

桜井啓子『日本のムスリム社会』ちくま新書、二〇〇三年。

ジョン・ヒック『宗教がつくる虹—宗教多元主義と現代』間瀬啓允訳、岩波書店、一九九七年。

鈴木大拙『宗教経験の事実』大東出版社、一九九〇年。

樋口美作『日本人ムスリムとして生きる』佼成出版社、二〇〇七年。

水谷周『イスラーム信仰とアッラー』知泉書館、二〇一〇年。

山折哲雄『日本人の宗教とは何か—その歴史と未来への展望』太陽出版、二〇〇八年。

諸宗教対話──日本から世界へ

樋口美作（ハーリド）

はじめに

現在この地球上には五〇数億人の人間が生存しているといわれる。そして不思議にも誰一人として同じ人間は存在しない。さらにはそれぞれが異なる存在でありながら、他人なしでは生活できない関係（縁）の中に生きているのである。これはまさに神（創造主）の成せる業としか言いようがない。神から見れば人間は誰もが平等な存在価値を持っており、公平で平和的共存の使命を持っているということであろう。

「人びとよ、われは一人の男と一人の女からあなたがたを創り、種族と部族に分けた。これはあなたがたを、互いに知り合うようにさせるためである。」これは今やイスラーム対話の常用語ともいえるクルアーン四九章一三節のことばである。現在、我々の周辺には、全人類が直面している政治的、経済的紛争、テロ、貧困、環境問題など、多くの課題が山積している。

宗教対話　イスラーム代表とカソリック代表
世界宗教者平和の祈りと集い（1997年、京都）

戦争の時代といわれた過去において、宗教者としてそれを阻止しえなかった道徳的懺悔に始まった今世紀の宗教対話は、自宗教と他宗教の間に存在する違いを知り、さらに自宗教の理解を深めるものであり、自我を他人に強要せず、対話による相互理解と平和実現への協力こそがその要であるとするものである。「権力者にはとかく暴力がつきまとう、その暴力を薄めるのが宗教者の使命だ」これは戦後の日本の電力事業に献身された松永安左衛門氏の言葉であるといわれる。今こそ精神的指導者の立場にある宗教者全体が協力して、グローバル時代の人類共通の問題解決に知恵と勇気を出し合うことが求められている。その意味で本稿では、これまでの宗教対話の系譜と実績の概略を紹介し今後への資としたいと思う。

万国宗教会議

世界の宗教史の中で、諸宗教が対話と協力への道を切り開いたのは、一八九三年にシカゴで開催された「万国宗教会議」にあるとされている。この時の出席者は世界の諸宗教指導者約四〇〇人、その中にアジアからは一五人、日本からは仏教徒二人が参加したといわれる。

この会議の基本ルールは「宗教の相互尊重」であった。日本から出席した仏教者の一人釈宗演師（臨済宗）が帰国後、仏教、神道、キリスト教、教派神道などとの協調を図るために懇談会の開催を企画した。しかし各宗教から激しい非難を受け、実現したのは一八九六年になってからである。仏教、キリスト教、神道の有志四二人が、日本の宗教史上はじめてとなる「宗教懇話会」を東京で開催したのである。しかし当時の日本の宗教界は対話に対する理解はなく、お互いに反目し合っていたといわれる。二回ほど開催されただけで中断してしまった。そして一九二四年になってようやく、アメリカの日本人移民排斥運動を契機に「日本宗教懇話会」が正式に結成されたのである。

日本における宗教協力の始まり

戦後になると日本の宗教界は一九四六年、仏教、神道、キリスト教、教派神道が中心になって「日本宗教連盟」（通称・日宗連）を結成した。そして最初の事業として一九四七年に「全日本宗教平和会議」を東京で開催することになる。この会議には全国の各宗教、宗派の代表、政界、財界、信徒、学識者など約一〇〇〇人が参加した。会議では一九三一年以来、宗教者として軍国主義の風潮を阻止することができなかったという内省から「懺悔文」が朗読され、最終日の総会では「平和宣言」を採択し、戦争への反省と宗教者としての新たな使命を自覚して会議を終わった。そして一九五二年には「新日本宗教団体連合会」が加入し、現在の日宗連は五連合体で構成されている。

世界宗教者平和会議（ＷＣＲＰ）への潮流

一九六二年、ローマ教皇ヨハネ二三世の第二バチカン公会議の招集は、原水爆禁止、軍縮、核兵器禁止を中心テーマとして、宗教対話を世界的レベルまで押し広げた。一九六三年にヨハネ二三世は急逝されたが、一九六四年にはインドのサルナートで「第七回世界仏教徒会議」が開催された。この会議で日本の代表が行った、世界平和実現には世界の諸宗教の協力と提携が必要であるという提案が満場一致で決議された。日本の仏教主席代表者であった中山理々師（全日本仏教協会国際局長）はこの決議書を持参してバチカンを訪問した。パウロ六世はこの決議文の内容に心から賛同し「仏教徒との対話を望む」というメッセージを日本の宗教者宛に託したのである。

これによって日本の宗教者とバチカンとの対話と協力関係が急速に促進されることになった。一九六五年、パウロ六世は日本をよく知るマレラ枢機卿を特使として日本に派遣した。マレラ枢機卿は日本の宗教者との会見の中で初めて庭野日敬師（立正佼成会会長）と顔を合わせることになった。そして第四期バチカン公会議に招待したいとの打診を残して離日した。

新しく開かれたバチカンの、世界平和に向けた意欲的な宗教協力の姿勢に感動した庭野師はこの招待を受け、バチカンでパウロ六世と会見した。これは世界宗教者平和会議（WCRP）の創設に大きな影響を与えることになる。時代は国内の諸宗教対話から世界の諸宗教対話へと動いていた。

一九六六年、ワシントンで開催された「平和のためのアメリカ国内諸宗教者会議」では「各国の宗教指導者による国際シンポジウムを開催する」ことが決議された。その後、主催者側関係者による世界規模の協力要請が行われた結果、一九六八年、インドが企画していた「ガンジー生誕百年記念」の行事と連携して「ガンジー生誕百年記念・国際諸宗教平和シンポジウム」がニューデリーで開催され、世界の九カ国から四六名が参加し、日本からも中山理々師ら二名が参加した。

この会議のテーマには「世界宗教者平和会議開催」が盛り込まれており、最終日の総会での「ニューデリー宣言」には「世界宗教者平和会議を開催する」勧告が採択された。

WCRP第一回世界大会（京都大会）

一九七〇年、世界宗教者の共通の願いである世界恒久平和の実現に向けた「第一回世界宗教者平和会議世界大会」が、「非武装、開発、和解」を基本テーマとして、世界の三九カ国から三〇〇余人の諸宗教指導者が参加して京都で開催された。これはこれまでになかった規模であり、開会式には三〇〇〇人を越す参加者で大会議場は満たされた。この会議では「京都宣言」および「ベトナムに関する決議」が採択され、常設の継続機関として「世界宗教者平和会議（ＷＣＲＰ）」が設立され、国際事務局をニューヨーク・国連チャーチセンターに開設することが決定された。なおこの大会で興味深いのは、この大会に参加したイスラーム関係者は一八人で全部外国人ムスリムで日本人ムスリムの参加はなかったこと。さらに現在と違うのは海外代表者のほとんどが、パキスタンとインドが主流でアラブからはエジプト人一人、他にはイランから三人、インドネシアから一人が参加している。これはまさに時代的背景によるものであろう。爾来、約五年を周期に世界の各都市で開催されているが、一九九九年には初めてイスラーム国のヨルダンで第七回世界大会が開催され、世界六五カ国から八五〇人が参加した。そして二〇〇六年には第八回世界大会が三六年ぶりに発祥の地、京都において開催された。日本の諸宗教者は一九七二年に五連合団体からなる「ＷＣＲＰ日本委員会」を創設し、これまでの世界諸宗教対話活動の中心的役割を果たしている。

（「ＷＣＲＰの歴史」二〇一〇年、世界宗教者平和会議日本委員会発行から）

イスラームとの対話

日本の宗教界は一九七〇年代から、先に述べたように、神道、仏教、教派神道、新宗教、キリスト教の五連合団体が協力し、国内外の宗教対話による相互理解と世界平和実現のための祈と集い、研究集会、シンポジウムを積極的に展開している。

世界のさまざまな地域で発生する貧困や、宗教、民族の違い、あるいは政治的理由によって起こる戦争や紛争に対し、精神的、物質的両面にわたる支援活動を行い、合わせて関係国の宗教指導者を日本に招聘して問題解決のための対話を実現している。その中心的な日本の宗教組織は、「世界宗教者平和会議（WCRP）日本委員会」と「世界連邦日本宗教委員会」であり、宗派としては天台宗（比叡山）および大本（京都）である。日本ムスリム協会も両委員会のメンバーとして活動に参加している。

（1）世界宗教者平和会議（WCRP）日本委員会

日本におけるイスラームとの対話のテーマは、中東地域におけるパレスチナ・イスラエル紛争が主題であった。その後も七五年のレバノンの内戦、八〇年のイラン・イラク戦争、八七年のガザ地区における反イスラエル闘争などイスラームがかかわった戦争や紛争が続発しており、そのたびに日本の宗教者は機会を捉えて、イスラーム、キリスト教、ユダヤ教など、世界各国の諸宗教指導者を日本に招聘し、問題解決のための対話と研究集会の場を提供した。

当初、日本の宗教者はイスラーム世界との人的交流が無に等しかった節もあり、招聘するにも、イスラーム代表として誰が適格であるのかの情報に乏しかった。そのような事情から、日本ムスリム協会会長の経験者である斉藤積平（アブドルカリーム）や森本武夫（アブーバクル）に協力を求めていた。両者は在日外国人ムスリムの協力を得ながら活動に参加していたが、これは協会の活動というより、むしろ個人的な人脈による活動であった。したがってこの時代の活動記録は協会に保存されていない。

九〇年代になると世界情勢はイラクのクウェート侵攻と湾岸戦争、さらにはボスニア・ヘルツェゴヴィナでも内戦が勃発するなど、イスラームにかかわる紛争が広範囲にわたって続発した。日本の宗教者の間にもイスラームとの対話を望む声がいっそう大きくなり、研究会や対話集会の開催が多くなった。このような状況の中で斉藤は、当時日本ムスリム協会の会長であった樋口美作（ハーリド）にも参加を求めるようになり、二人での行事参加が多くなった。しかし高齢の斉藤（一九九八年没）の参加は短期間であった。

九二年には「WCRP中東会議」が東京と京都で開催された。テーマは「パレスチナ問題の解決と宗教の役割―中東における正義と平和をめざして」であった。会議の一部は非公開とされた。一三カ国の地域からオマル・ナスィーフ博士（サウジアラビア、世界イスラーム連盟総長）他一一名のイスラーム指導者とキリスト教、ユダヤ教の各代表、ＷＣＲＰ国際委員など三〇人、日本の宗教者も二六〇人が出席した。

ＷＣＲＰ第８回世界大会（2006 年、京都）
（ＷＣＲＰ日本委員会提供）

アメリカを中心とした多国籍軍によるイラク攻撃が終わって二〇〇四年七月、京都で開催されたイラク諸宗教指導者会議は、「イラクにおける平和構築、諸宗教協力に課せられた役割」をテーマに、戦争後も宗教や宗派、部族問題で混乱が続くイラク情勢の中で開催され、時宜を得たシンポジウムとして話題を呼んだ。この会議は一部非公開とされ、イスラームのスンナ派、シーア派、クルド系、カソリック、教育機関、政党の各代表者によって、突っ込んだ意見が交換された。代表者の一人に、当時過激派に拘束された日本人のボランティアメンバーの解放に貢献したスンナ派の指導者、アルクベイシ師がおり、メディアからも注目された。

〇六年八月、第八回世界大会が三六年ぶりに発祥の地、京都で開催された。「平和のために集う諸宗教―あらゆる暴力を乗り越え、共にすべてのいのちを守るために」を基本テーマとし、会議には世界の一〇〇カ国から正式代表を含む二〇〇〇人におよぶ諸宗教者と関係者が参集し、WCRP史上最大規模の大会となった。

〇八年六月、北海道で開催された先進国首脳会議G8・洞爺湖サミットに合わせて開催された諸宗教指導者会議は「G8・洞爺湖サミットに向けて—平和のための提言」をテーマに、サウジアラビアの宗教省副大臣補佐、アブドッラー・アルレヘダン博士他三名が参加した。採択された「声明文」は各国政府代表に即刻手渡された。

〇九年一一月、東京で開催された「アフガニスタン和解と平和に関する円卓会議」は、ムハンマド・マスーム・スタナクザイ、アフガニスタン大統領顧問の他イスラーム宗教者、関係イスラーム各国の在日大使館や日本の政府関係者の参加によって開催され、長期化するアフガニスタン紛争の平和的早期解決を模索するものであったが、声明文には、引き続きいっそうレベルを上げた紛争解決のための会議が開催されることが要望された。

二〇一〇年九月、京都で開催された「イスラーム指導者会議」は、先に東京で開催された「アフガニスタン和解と平和に関する円卓会議」の声明文の要請にもとづいて開催された。と同時に、世界宗教者平和会議（WCRP）四〇周年記念も兼ねた会議となった。テーマは「イスラームの正しい理解—平和と非暴力」を主題とし、エジプト、インドネシア、イラン、イラク、日本、パキスタン、パレスチナ、サウジアラビア、トルコのイスラーム指導者および学者、政界関係者の三〇人が参集し、アフガニスタンおよび世界各地の紛争の和解と平和を切望し、平和的共存に向けたイスラームのメッセージの内容に熱のこもった議論を展開した。

採択されたメッセージは翌日、同じく京都で開催された公開シンポジウム「日本の宗教とイスラームの対話」で、さらに二日後に奈良で開催された「世界宗教者まほろば大会」で参加者に配布された。また海外から参加したイスラーム指導者は、メッセージを各自の国語に翻訳し、自国のイスラーム団体や政府機関に配布することを打ち合わせた。

(2) 世界連邦日本宗教委員会

世界連邦日本宗教委員会は、国連のＮＧＯが推進する「世界連邦運動」と協調しながら、宗教者の立場から平和を促進しようとするもので、活動は日本の伝統宗教である神道、仏教が中心となって運営されている。メンバーはＷＣＲＰと同じく、五連合団体によって構成されている。

毎年一回、日本の各都市において「世界連邦平和促進・全国宗教者大会」を開催しており、今年二〇一〇年は第三二回目の大会が大阪で開催された。プログラムには、内外の著名人の講演とパネルディスカッションが組まれ、毎回全国から三〇〇～四〇〇人の異なった宗教、宗派の宗教者が参集する。ほかにも、毎年八月には地元の宗教懇話会と協力して広島、長崎、沖縄において、原爆犠牲者と戦没者に対する慰霊と平和の祈りの集いを行っている。

本会は、一九六三年の第二バチカン公会議の「信教の自由」に関する回勅に応えて、一九六七年、臨済宗円覚寺派管長、朝比奈宗源老師を中心に、神道、仏教、キリスト教、教派神道、新宗教の代表者による宗派を超えた平和運動組織として創設された。

七六年の第八回全国宗教者東京大会は、エジプトの元アズハル総長のアル・ファッハーム師を招き、立正佼成会の普門館で開催された。これが日本の宗教者とイスラームの初めての出会いであった。当時は日本の宗教者の中にはイスラームに対し疑念を抱く人も多く、実現するまでにはいろいろな困難があったという。そのとき通訳にあたった飯森嘉助先生は、「イスラームは意外と原理原則にもとづいているね」と語り合う日本の宗教者のことばを耳にしているという。それだけ日本人宗教者にとってイスラームは遠い存在だったのである。

その後七八年には当時会長の天台宗比叡山長老、葉上照澄大阿闍梨が、混迷する諸問題を打開するため、世界の宗教指導者との直接対話を決意し、例年の大会を一次中止してイタリアのネミ会議でバチカンとの公式会議を開催し、その後、エジプトのアズハル総長、アリー・ジャッドドル・ハック師を訪ね、度重なる会談によって、経済的な宗教間対話の第一歩を踏み出したのである。

(「第二九回世界連邦平和促進全国宗教者静岡大会開催趣意書」から)

創立10周年記念「世界宗教者平和の祈りの集い」1997年、比叡山山頂にて
イスラーム代表者の祈り

（3） 比叡山宗教サミット—世界宗教者平和の祈りの集い

毎年八月四日は、日本の各宗教、宗派の指導者が比叡山に参集して世界平和を祈る日である。そして今後も継続されるこの「比叡山宗教サミット—世界宗教者平和の祈りの集い」の根源はどこにあるのか、そして今日まで続いてきたイスラームとの対話はいかなるものであったのか、その記録をたどってみたい。

一九八一年、ローマ教皇ヨハネ・パウロ二世が来日し、日本宗教代表者との懇談の席で、宗教協力に必要な精神は、伝教大師最澄のことば「己を忘れて他を利するは慈悲の極みなり」であると述べた。これはバチカンの日本宗教者に対する前向きなメッセージであり、以後、諸宗教対話の流れが急速に促進されることになった。

八六年一〇月にはローマ教皇ヨハネ・パウロ二世の呼びかけによって世界の宗教指導者がイタリアの聖地アッシジに集い、世界平和実現にむけて祈りを捧げた。

この集いに日本の代表者の一人として参加した当時の第二五三世天台座主、故山田恵諦師は、宗教の壁を越えて祈り続けることの大切さを痛感し、帰国後国内の諸宗教指導者に呼びかけて、比叡山開創一二〇〇年の記念すべき年である一九八七年八月三日、四日の両日に、世界各国から諸宗教の主な指導者を招き、「比叡山宗教サミット―世界宗教者平和の祈りの集い」を開催した。「神を信ずる者の平和のための貢献は、祈りから始めなければならない、祈りこそが全ての原点である」とするものであった。その祈りの原点は、開祖以来消えることのない「法灯・一隅を照らす」運動と共に、今日まで消えることなく続いているのである。

これまでの二二年間のあいだには、日本ムスリム協会にとっては特記すべきことが多くある。記憶されるべきものとして、一九九〇年八月二日から二日間にわたって京都で開催された「ムルタカ比叡山会議」は、旧ソビエト連邦、エジプト、サウジアラビアから一一カ国のイスラーム指導者を招聘しての、日本の宗教者とイスラームとの対話であった。その会期中にイラクのクウェート侵攻が勃発したのである。会場の雰囲気は緊張につつまれ、その会議の様子がテレビで放映されるなど衝撃的な会議となった。

ムルタカ比叡山会議（1990年、京都）のテレビ報道

この時出席した日本側のイスラーム関係者は、斉藤積平、渡辺正治（アブドルモニール）、樋口美作、テミルダル・モヒート（トルコ）、サーレハ・サマラーイ（イラク）、オマル・ムーサ（スーダン）、アブドルラハマーン・シッディーキ（パキスタン）であった。

その他にも節目となる一〇周年、一五周年、二〇周年、そして二〇〇一年九月一一日のアメリカにおける同時多発テロ事件発生の時には、海外の諸宗教指導者の著名人を招待し、記念すべき盛大な「シンポジウムと祈りの集い」が開催された。

一連の行事においては日本ムスリム協会の推薦でイスラーム世界からも多数の指導者が招待され参加したが、とくに九七年に開催された、創設一〇周年記念「世界宗教者平和の祈りの集い」にはエジプトのアハマド・オマル・ハーシム、アズハル大学学長、サウジアラビアのムハンマド・アルオバイド、世界イスラーム連盟総長、シリアのアハマッド・クフタロウ大法官、日本からは樋口美作、徳増公明（アミーン）、有見次郎（アブドッサラーム）が参加し、多くの日本の宗教指導者との対話を通じて、イスラームの平和のメッセージを伝えることができた。各大会や会議に参加したイスラーム指導者の顔触れは巻末の資料を参照されたい。

（4） 大本・世界平和祈りのフォーラム

九三年の大本本部（京都府綾部市）の「長生殿」落成式に合わせて開催された「国際諸宗教フォーラム」では、中東紛争の一時的な平和ムードの中で相互理解のための対話がなされた。キリスト教、ユダヤ教、イスラーム、その他諸宗教の指導者の参加があり、日本からは斉藤積平と樋口美作が参加した。

大本の「万教同根」の精神は教理の主要な柱の一つであり、実際の活動の中で、諸宗教との協力、提携が一九二三年当時から現在まで絶え間なく続けられている。日本の諸宗教団体（世界宗教者平和会議〈WCRP〉日本委員会、世界連邦日本宗教委員会、比叡山宗教サミット）との連携においてだけでなく、日本の伝統的芸術文化、例えば書道、陶芸、茶道、仕舞、武道などを通して独自の対話活動が国内外の宗教施設で行われている。イスラームとの対話では、シリアの大法官、故アハマッド・クフタロウ師との交流があった。

(5) 日本ムスリム協会の役割

二〇〇一年にアメリカにおける同時多発テロ事件が発生すると、アメリカによるアフガニスタンの対ターリバーン空爆が始まった。諸宗教対話の動向はいっそうイスラームに向けられ、日本ムスリム協会は、諸宗教の連携組織である二団体から入会の勧誘を受けることになった。

日本ムスリム協会は一九五三年に創設されて以来、日本の諸宗教との組織的な協力関係はなかった。それは組織的にも人的にもまだ弱体であり、日本の既存宗教団体とは相互に協調関係を維持できる体制になっていないという判断からだった。

しかしメディアでもイスラーム関連の報道が多くなり、日本国内はいっそうイスラームに対する関心が高くなった。そうした状況に鑑み協会もできる範囲で宗教対話を通した平和運動に参加すべく、二団体の正式メンバーとして参画することになった。二〇〇一年に「世界連邦日本宗教委員会」[1]に、そして二〇〇二年には財団法人「世界宗教者平和会議(WCRP)日本委員会」[2]にそれぞれ入会した。

それ以後の協会は日本で開催される諸宗教対話や宗教協力行事に参加するとともに、日本で開催される世界諸宗教指導者の平和会議に招聘されるイスラーム指導者の選考には、候補者の推薦や受け入れ支援など、世界のムスリム一三億人の日本における窓口として諸行事に参加している。

日本の宗教指導者の下には数千万人の信者が包摂されており、日本人宗教者のイスラームに対する正しい理解は、日常の発言や説教にも反映される。その意味においても、日本の宗教者との不断の対話と協調関係の維持は、日本に正しいイスラームの理解を深めるためにも、また今後の日本におけるイスラーム布教活動のためにも不可欠の課題であろう。

(6) 今後の展望をみる

二〇〇八年三月、サウジアラビアのリヤードで「第六回イスラームとの文明間対話」が日本とサウジアラビア外務省と学界の共同で開催された。世界の各地域から参加した学者を王宮に招き謁見された二大聖地の守護者アブドッラー国王は、参列者を前にスピーチされ「異文化、異宗教の壁を越えた対話こそ、問題解決の平和的手段である」ことを明言された。この国王の発言は参列者を驚かせ、かつ将来的希望と勇気を与えるものだった。

さらに国王は、これまでのイスラームと同族宗教といわれるキリスト教やユダヤ教だけでなく、仏教や他宗教とも対話しなければならないと明言されたのである。

そして同年の七月には、国王が自ら主導して、マッカにあるイスラーム世界連盟を主催者として「国際諸宗教対話会議」をスペインのマドリードで開催した。この会議には日本からも立正佼成会会長の庭野日鑛師と神社本庁（連絡の手違いで欠席）、大本が招待を受けた。これはまさに日本の宗教界にとって歴史的な出来事であった。

「国際諸宗教対話会議」に出席された立正佼成会会長庭野日鑛師とサウジアラビアのアブドッラー国王（佼成出版社提供）

この会議に参加された庭野師は、この時の印象を二〇一〇年九月に京都で開催された「イスラーム指導者会議」の開会式のスピーチで次のように述べている。

「国王陛下は会議に先立ち『対話は前進するための最良の方法である』と述べられ、異なる宗教を持つ人々との対話を呼びかけられた。（中略）私も会議の中でスピーチの機会をいただきましたが、イスラームの信仰を持つ皆様が、日本の仏教徒の発言に真剣に耳を傾けてくださった光景が今も心に刻まれています。同時に私も、会議を通じイスラームの教える本質的な寛容性について、改めて学ぶことができました」そして「アブドッラー国王陛下の願いと熱意によって進められている諸宗教間の対話促進の歩みは『イスラーム世界からの歴史的アプローチ』と高く評価されており、『諸宗教対話は新たな段階を迎えた』といっても過言ではありません」と結んでいる。

これまで日本の宗教を、多神教だ、偶像崇拝だとして対話に顔を向けなかったイスラームにも新しい変化が起きている。

九月京都で開催された「イスラーム指導者会議」に参加したイラク代表が残したことば「我々はキリスト教との対話は充分過ぎるほどしているが、日本の宗教は知らない。これからは日本の宗教との対話が必要だ」。このことは、今後のイスラームと日本の諸宗教との対話に対する展望を示唆しているのではないだろうか。

注

(1) 世界連邦日本宗教委員会は国連のNGO「世界連邦運動」に所属する日本宗教者の委員会。宗教者の立場から世界平和を推進することを目的に一九六七年に創設され、超宗教、宗派で構成されている。世界の諸宗教の協調と共生を促す活動を国内外で展開する。

(2) 世界宗教者平和会議(WCRP)は世界平和の実現に向けて活動している国連経済社会理事会に属し、総合協議資格を一九九九年七月に取得したNGO。世界の約七五カ国に国内委員会がある。日本では一九七二年に早くも日本委員会を創設し、国際、国内の両面にわたってWCRPの主要メンバーとして活動をリードしている。

【添付資料】　日本で開催された諸宗教対話に参加したイスラーム指導者の主な顔触れ

一九八七年（京都・比叡山）「比叡山宗教サミット」

　M・A・ラウーフ博士、国際イスラーム大学総長（マレーシア）他、エジプト、サウジアラビア、トルコ、カザフスタン各代表。


一九九〇年（京都・比叡山）「ムルタカー会議、日本宗教者・イスラーム指導者平和の祈り」

　タルガト・タージッディーン師、大法官（ソビエト）他、チュニジア、サウジアラビア、エジプト、タイ、マレーシア、インドネシア、スーダン、フィリピン、トルコ、パキスタンの各代表。


一九九二年（東京）「パレスチナ問題解決と宗教の役割―中東における正義と平和を目指して」

　アブドッラー・ビン・オマル・ナスィーフ博士、世界イスラーム連盟事務総長（サウジアラビア）他、イスラーム指導者一一名。


一九九三年（綾部）「世界宗教者の祈りとフォーラム」

　アハマッド・クフタロウ師、イスラーム大法官（シリア）。


一九九四年（伊勢大会）「新世紀への宗教者の使命」

　ワン・ダーウード博士、国際イスラーム思想文明研究所教授（マレーシア）。


一九九五年（東京大会）「アジアの霊性」

　アミン・ライース博士、モハンマディーヤ会長（インドネシア）。


一九九七年（京都・比叡山）「世界宗教者平和の祈りの集い」

　アハマド・オマル・ハーシム博士、アズハル大学学長（エジプト）、ムハンマド・アルオバイド博士、世界イスラーム連盟総長（サウジアラビア）、アハマッド・クフタロウ師、イスラーム大法官（シリア）、ムハンマド・アブーレイラ博士、アズハル大学翻訳学部部長（エジプト）。

二〇〇二年（京都・比叡山）「イスラームとの対話」

ムハンマド・サアド・アッサーリム博士、イマーム・ムハンマド・ビン・サウード、イスラム大学学長（サウジアラビア）他、エジプト、ヨルダン、パキスタン、ボスニア・ヘルツェゴビナ各代表。

二〇〇二年（大阪）「宗教者の祈りとフォーラム」

アハマド・オマル・ハーシム博士、アズハル大学学長（エジプト）のメッセージ。

二〇〇三年（京都）「中東和平の問題点―シンポジウム」

タラール・シデル師、パレスチナ・アラファート議長宗教顧問（パレスチナ）。

二〇〇四年（京都、東京）「イラク諸宗教指導者会議」

アブドル・サラーム・アルクベイシ教授（イスラーム法学者協会代表）、サイード・ハサン・バハラルロム師（ナジャフ・イスラーム教育機関代表）、マジド・イスマイール・モハンマド・アルハフィード師（スレマニア・クルド人共同体代表）、ハイダル・アブドルザハラー・エリービ氏（イスラーム教育機関代表）、ホワード・モハセン・ハマシ博士（イスラーム党上級代表）、ガブリエル・ハナ・カッサブ大司教（キリスト教カルデア派代表）他三名。

二〇〇五年（京都・比叡山）「アジア仏教者との対話」

カマール・ハサン博士、マレーシア国際イスラーム大学学長（マレーシア）。

二〇〇六年（東京）「パレスチナ人から見た中東和平への展望」

ムンサル・ダジャーニ博士、アルクドゥス大学教授（パレスチナ）。

二〇〇六年（京都）「第八回世界宗教者平和会議世界大会「紛争解決、平和構築、持続可能な開発」

エルハサン・ビン・タラール（WCRP国際委員会実務議長・ヨルダン王子）、ムハンマド・ハタミ博士（イラン前大統領）、ムスタファ・セリッチ師（ボスニア・ヘルツェゴビナ・イスラーム共同体最高指導者）、シェーク・シャバン・ムバジェ師（ウガンダ・ムスリム最高議会法律顧問）他。

二〇〇七年（京都・比叡山）「平和の祈りの集い」

アブドッラー・アルレヘダン博士、寄進・宣教・善導省イスラーム問題審議官（サウジアラビア）、ディーン・シャムスディーン博士、ムハンマディーヤ会長（インドネシア）、ムハンマド・アブドルファーデル・アブドルアジーズ博士（エジプト）、ワリド・リドワン氏、ムハンマディーヤ国際渉外部副部長（インドネシア）。

二〇〇八年（北海道）「G８・洞爺湖サミットに向けて―平和のための提言」

アブドッラー・アルレヘダン博士、宗教省副大臣補佐（サウジアラビア）、シェイク・シャバン・ムバジェ、イスラーム最高協議会最高指導者（ウガンダ）、ムハンマド・アルサンマック師、キリスト教・ムスリム対話委員会事務総長（レバノン）、ファリーダ・アリ氏、イスラミック・ヘリテージ・ソサイエティ名誉会長（パキスタン）。

二〇〇九年（東京）「アフガニスタン和解と平和に関する円卓会議」

ムハンマド・マスーム・スタナクザイ大統領顧問（アフガニスタン）他、パキスタン、イラン、サウジアラビア、アメリカ、EUから外交問題担当者、学者、宗教者参加。

二〇一〇年（京都・奈良）「イスラーム指導者会議」「日本の宗教とイスラームの対話」「世界宗教者まほろば大会」

ムハンマド・アブドルファーデル・アルコウセー博士、アズハル大学前副学長（エジプト）、ムハンマッド・フセーン・モザッファリー博士、宗教研究及びイスラーム文化、宗教間対話センター長（イラン）他二名、ハッサン・バハール・アルウルーム博士、ナジャフ地区、世界宗教者平和会議副議長（イラク）他一名、ディーン・シャムスディーン博士、ムハンマディーヤ会長（インドネシア）、エンサリ・イエントルク師、東京ジャーミイ・イマーム（トルコ）、モハメッド・ダジャーニー、アクドゥス大学教授（パレスチナ）他、サウジアラビア、パキスタン代表。

おわりに

本巻を終えるにあたって、いささか感想を述べさせていただきたい。執筆者は六人で、相互に違った経歴と仕事を持ってこれまで生きてきた。共通項は全員ムスリムであることと、互いにスィンヌ・アッルシュド（分別盛りの年齢、つまり四〇歳）を超えているということである。

初めて皆々様方と「日本人ムスリム」の立場に立って共同執筆作業ができた喜びは、また格別である。各自が日本人社会でムスリムとして、それぞれの立場で精一杯生きた証を書き終えたことと思う。

そもそもこのイスラーム信仰叢書そのものが、これまでに類例のない、つまりこれまで世に隠れていた日本人のイスラーム信仰のありようを公にしたものであり、他の複数の執筆者で書かれる巻もそうであろうが、とくに本巻においてはその傾向が著しいと推定される。

中には諸先輩の日本人ムスリムとしての生きざまを描きながらも、じつは自分自身を語っている筆者も複数名いるわけだが、それらの記録は精緻を極めていて、それが本巻にこのような形でまとめられたのは、私たち後輩にとっても、ひいては日本人一般読者にとっても真にありがたいことである。

またその努力が、これからの若いムスリムにとって、また一般の若人にとっても役立つことがあればと願う。

イスラームについて平均的な日本人は、ほとんど関心を持たないのが現状である。また関心を持つ必然性がないと言っても過言ではない面もあるかもしれない。しかしこれを機会に、多くの方が世界三大宗教の一つに触れてみたいと思われるならば、それこそ各執筆者の望外な幸せであろう。

アッダハル（全てを破壊していく時の流れ）も、今後の日本では、世界約一三億とされるムスリムとの接触をますます強めていくことだろう。それこそが、ムスリム人生五〇余年の私が感ずる結論である。

最後に、このような空前絶後の叢書の企画をすすめられた国書刊行会に敬意を表するとともに、私たち関係者を外部から応援してくださった推薦者の板垣雄三先生、片倉もとこ先生、林昂先生、吉村作治先生、杉谷義純先生に深甚なる感謝を申し上げる次第である。

飯森　嘉助

執筆者紹介（掲載順）

飯森　嘉助（いいもり　かすけ）

一九三七年、長野県佐久市生まれ。信州大学教育学部卒。一九六八年八月、エジプト・アズハル大学アラビア語学部歴史文明学科卒業。拓殖大学教授を経て、現在、同名誉教授、日本・エジプト友好協会理事、日本ムスリム協会顧問兼諮問委員、アジア・アフリカ語学院評議員。著書『アラビア語入門』（共著、泰流社、『現代アラビア語入門』大学書林）、『アラビア文字の書き方・綴り方』（泰流社）、『実用アラビア語会話単語集—日・英・アラビア語』（ウラオカプリンティング出版部）。論文「民族地誌的視点からみた南スーダンにおける伝統的地域性について」『拓殖大学論集』一四九、一九八四年。

樋口　美作（ひぐち　みまさか）

一九三六年、新潟県生まれ。早稲田大学法学部卒業。一九六五年、エジプト政府留学生としてアズハル大学留学。一九六八年、（株）日本航空入社、中東路線開設に従事。（宗）日本ムスリム協会会長、名誉会長を歴任し、現在、同協会理事、（財）世界宗教者平和会議（WCRP）日本委員会監事、世界連邦日本宗教委員会顧問、サイバー大学客員教授。著書『叡智』（鼎談）、『日本人ムスリムとして生きる』（佼成出版社）、『日本に生きるイスラーム』（共著、サウジアラビア大使館文化部）など。

最首　公司（さいしゅ　こうじ）

一九三四年、東京生まれ。上智大学新聞学科卒。一九五六年、東京新聞入社（のち中日新聞と合併）、社会部・経済部・編集委員などを歴任。一九九九年、定年退社。在職中、中日新聞社全額出資のトウキョウ・アラビアン・コンサルタンツ社顧問として「週刊アラビア情報」発行。現在、日本アラブ協会理事、日本ムスリム協会諮問委員、海洋産業研究会客員研究員。著書『インドはもだえる』（筑摩書房）、『聖地と石油の王国サウジアラビア』『カダフィとアラブ民族主義』(ホーチキ商事出版部)、『人と火』(エネルギーフォーラム)など。

水谷　周(みずたに　まこと)
一九四八年、京都生まれ。京都大学文学部卒、米国ユタ大学博士。現在、アラブ イスラーム学院(東京)学術顧問、中東国際法事務所(ベイルート)上級顧問、日本ムスリム協会理事。著書『アラビア語の歴史』(国書刊行会)、『イスラーム信仰とアッラー』(知泉書館)、『アフマド・アミーン自伝(解説・訳注)』(第三書館)、『日本の宗教―過去から未来へ』(アラビア語)ダール・アルクトブ・アルイルミーヤ社、ベイルート、二〇〇七年など。

片山　廣(かたやま　ひろし)
一九三八年、長野県生まれ。一九六二―六六年、カイロ・アズハル大学留学。二〇〇〇年まで千代田化工建設(株)勤務(ヨルダン、サウジアラビア、イラク、カタール、リビア、ナイジェリアなどでプラント建設のため現地に長期滞在)。現在、アラブ イスラーム学院顧問。

鈴木　紘司(すずき　ひろし)
一九四一年、東京生まれ。アズハル大学(イスラーム高等学部)卒業。一九六九年からサウジアラビア日本大使館勤務。一九七四年、住友商事入社。一九九七年まで中東各国に駐在して、イスラーム世界をくまなく巡る。その後、ミンダナオ自治州政府の経済顧問、アラブ イスラーム学院常任顧問を歴任。現在、NHK衛星放送部報道局アラビア語同時通訳者、地域文化学会理事。著書『真実のイスラーム』(学研)、『預言者ムハンマド』『イスラームの常識がわかる小事典』(PHP新書)、『中東とイスラームが本当にわかる本』(KKベストセラーズ)、『イスラーム教徒の言い分』(めこん)、『アラビア語文法解説』(日本サウディアラビア協会)など。

イスラームと日本人《にほんじん》　ISBN978-4-336-05209-4

平成 23 年 2 月 15 日　初版第 1 刷発行

編著者　飯　森　嘉　助

発行者　佐　藤　今　朝　夫

〒 174-0056 東京都板橋区志村 1-13-15

発行所　株式会社　国　書　刊　行　会

電話 03(5970)7421　FAX 03(5970)7427

E-mail: info@kokusho.co.jp　URL: http://www.kokusho.co.jp

落丁本・乱丁本はお取替えいたします。　印刷 モリモト印刷㈱　製本 ㈱ブックアート

5

水谷周著
イスラーム建築の心―マスジド

イスラーム建築の粋は礼拝所であるマスジド（モスク）である。いかに豪華、壮大、多様であっても、その中核的な心は、礼拝における誠実さ、忍耐、愛情、禁欲、悔悟などの徳目に力点が置かれる。

6

飯森嘉助編著
イスラームと日本人

イスラームは日本人にとって、どのような意味を持ちうるのか。イスラームと日本人の接点を回顧し、今後の可能性と問題をまとめる。（飯森嘉助、片山廣、最首公司、鈴木紘司、樋口美作、水谷周）

7

河田尚子編著
イスラームと女性

イスラーム本来の教えでは、男女平等が唱えられている。何が問題になるのか、教えの基本に立ち返って論じる。（金山佐保、齊藤力二朗、前野直樹、永井彰、松山洋平・朋子、リーム・アハマド他）

8

徳永里砂著
イスラーム成立前の諸宗教

イスラームの登場した紀元七世紀以前のアラビア半島の宗教状況は、従来、ほとんど知られていなかった。わが国で初めて本格的にこのテーマに取り組む。

9

水谷周著
イスラーム現代思想の継承と発展

イスラームの現代における政治、社会思想は、どのように継承発展させられているのか。著名な学者父子の思想的な関係を通じて実証的に検証し、アラブ・イスラム社会の家族関係の重要性も示唆。

10

水谷周編著
イスラーム信仰と現代社会

政治、経済、そして安楽死や臓器移植など、現代社会を取り巻く多岐にわたる諸問題に、イスラーム信仰の立場から、どのように捉え対応していくべきかに答える。（奥田敦、四戸潤弥、水谷周他）

アラビア語の歴史

水谷　周著

アラビア語は世界最大クラスの言語!!

「クルアーン」の言語である
アラビア語の源泉から現代まで解説。

――アラビア語史の画期的入門書

四六判・並製・200ページ　定価：1890円（税込）

【収録内容】アラビア語の出自―セム語について、イスラーム以前の状況、イスラーム以降の充実…文字と記述法の成立・文法整備・辞書の編纂…、アラビア語拡充の源泉、アラビア語文化の開花―詩・韻律文・そして散文、アラビア語の地域的拡大、アラビア語の語彙的拡大、近代社会とアラビア語、現代アラビア語の誕生、アラビア文字と書体例、分野別アラビア語辞書一覧（注釈付）、アラブ報道と現代史……